«Comencé mi gran aventura con el Señor Jesucristo en 1944. En 1951, me convertí voluntariamente en siervo de Jesús (Rom. 1:1). Desde que me rendí por completo a Él, intento evaluar cada cosa que hago a la luz de Su Gran Comisión. En mis 55 años de testificar para Cristo, he conocido pocos creyentes tan entusiastas y eficaces en su testimonio para el Señor como Bill Fay. Es una gran bendición e inspiración para mí».

Dr. Bill Bright, fundador y presidente
Cruzada Estudiantil para Cristo Internacional

«En uno de los programas radiales de RBC, emitimos una muestra del material de Bill, y tuvimos la mayor respuesta en la historia del ministerio».

Martin R. De Haan II, Presidente
Ministerios RBC

«Este libro es de lectura obligada para todo el que desee compartir su fe. No se trata de por qué deberíamos hablar de nuestra fe, sino más bien de cómo hacerlo».

Dr. Edward G. Dobson, pastor principal
Iglesia Calvary, Grand Rapids, Michigan

«Bill Fay proporciona una manera sensata, práctica y sencilla de comunicar nuestra fe. El evangelismo de Bill vuelve a los fundamentos… ¡y funciona! Por eso lo invité a predicar en la iglesia que pastoreaba en Texas y varias veces donde pastoreo aquí en San Diego, California».

Dr. Jim Garlow, pastor principal
Iglesia metodista Skyline, San Diego, California

«Jamás conocí a alguien que haya llevado más personas al Salvador, o que haya enseñado a otros a hacer lo mismo».

Dr. Vernon Grounds, Presidente emérito
Denver Seminary [Seminario de Denver]

«Bill Fay le ha hecho un gran servicio al cuerpo de Cristo con *Testifica de Jesús sin temor*. He visto y oído cómo muchos, gracias a la influencia de este material, han comenzado a dar testimonio de nuestro Señor… En su nuevo libro, Linda Evans Shepherd captó el espíritu del hombre detrás del material. Si ya conoces el mensaje de Bill Fay, querrás leer este libro para encontrar mucho más. El capítulo sobre «Qué hacer cuando una persona recibe a Cristo» es una dimensión sumamente necesaria para el evangelismo eficaz. Si no estás familiarizado con este material, tienes en tus manos un recurso completamente práctico y garantizado que te ayudará a testificar con eficacia».

Jimmy Kinnaird, especialista en evangelismo personal
Convención general bautista de Oklahoma

«Prepárate para experimentar una "victoria segura", con un libro que te ayudará a hacer lo que promete el título. Es el mejor método sencillo y eficaz de evangelización personal que hemos visto en 25 años de ministerio de campaña».

Bruce Schoeman, Ministerios Lowell Lundstrom
Minneapolis, Minnesota

«Bill Fay sabe bien cómo cumplir con sencillez la Gran Comisión y presentar nuestra fe y la verdad de las Escrituras. Su libro, *Testifica de Jesús sin temor*, presenta una estrategia para jóvenes y ancianos por igual, para comunicar la verdad del evangelio de manera agradable y no intimidatoria. De lectura obligada para todo el que desee testificar de su fe».

Dal Shealy, presidente/director ejecutivo
Fellowship of Christian Athletes [Asociación de atletas cristianos]

«Este libro presenta lo opuesto a los enfoques argumentativos y antagónicos al evangelismo. Tiene un sólido fundamento bíblico y un método agradable y relacional. La pasión de Bill Fay por predicar a Cristo solo se compara con su vasta experiencia. Este libro es una prueba contundente de que la evangelización personal es posible».

Dr. E. Glenn Wagner, pastor principal de la iglesia
Calvary Church, Charlotte, Carolina del Norte

TESTIFICA
DE
JESÚS
SIN
TEMOR

TESTIFICA DE JESÚS SIN TEMOR

WILLIAM FAY
CON LINDA EVANS SHEPHERD

NASHVILLE, TENNESSEE

Testifica de Jesús sin Temor
© 2012 por William Fay y Linda Evans Shepherd
Publicado por B&H Publishing Group
Nashville, Tennessee
Todos los derechos reservados.
Derechos internacionales registrados.

Publicado originalmente en inglés por B&H Publishing Group, con el título
Share Jesus Without Fear © 1999 por William Fay y Linda Evans Shepherd.

ISBN 978-1-4336-7680-2

*Nota: Aunque todas las historias son reales, algunas se han adaptado
para proteger la identidad y la privacidad de personas maravillosas.*

El texto bíblico ha sido tomado de la versión Reina-Valera 1960
© 1960 Sociedades Bíblicas en América Latina; © renovado 1988
Sociedades Bíblicas Unidas. Utilizado con permiso.

Las citas bíblicas marcadas LBLA se tomaron de La Biblia de las Américas
© 1986,1995,1997 por The Lockman Foundation. Usadas con permiso.

Impreso en EE.UU.
1 2 3 4 5 6 • 16 15 14 13 12

Este libro está dedicado en primer lugar a Jesucristo, mi Señor y Salvador. Su propósito es proporcionar libertad y aliento para que puedas comunicar tu fe y no fracasar.

Si Dios no hubiera puesto en mi camino a personas que me alentaran, me desafiaran y corrigieran, mi vida y este material no serían posibles. Quiero agradecer a mi esposa, Peg, por su paciencia mientras Dios me cambia. También a Paul y Kathie Grant por todo lo que han hecho para posibilitar este ministerio. Muchas gracias a mi amigo Keita Andrews, cuya pasión se encendió tras aprender a comunicar su fe, y condujo a muchos a Cristo. Además, estoy agradecido por todas las personas (unas 25.000) con las que he tenido el privilegio de compartir mi fe cara a cara; muchas oraron para recibir a Jesucristo.

Doy gracias a Gordon Lewis, profesor de teología sistemática en el Seminario de Denver, por darme una base teológica sólida que me hizo confiar en la obra soberana de Dios. También valoro a mi buen amigo Tom Weins, que siempre estuvo presente para ayudarme o acompañarme. Un agradecimiento especial para todos los pastores que sirven con fidelidad a Cristo. Cuando visito sus iglesias, veo cómo trabajan. Oro por ustedes, los honro y siento un profundo respeto por su obediencia al seguir su llamado para Jesucristo.

—William Fay

Agradezco a Dios por este trabajo. Algún día, cuando estemos del otro lado, será un placer conocer a todos los que fueron impactados por este libro.

—Linda Evans Shepherd

ÍNDICE

6. Hay demasiados hipócritas en la iglesia.
7. Hay muchas religiones en el mundo.
8. Hay muchas traducciones de la Biblia.
9. Hice demasiadas cosas malas.
10. La Biblia tiene demasiados errores.
11. La discusión nunca termina.
12. ¿Las sectas son la respuesta?
13. Lo único que quiere la iglesia es mi dinero.
14. Me estoy divirtiendo demasiado.
15. Mis amigos creerán que estoy loco si acepto a Jesús.
16. Mis creencias son privadas.
17. Muchos caminos llevan a Dios.
18. No creo en Dios.
19. No creo que la resurrección haya ocurrido.
20. No estoy listo.
21. No estoy seguro de mi salvación.
22. No puedo practicar el estilo de vida cristiano.
23. No soy lo suficientemente bueno.
24. No soy pecador.
25. Pertenezco a otra religión mundial.
26. ¿Por qué Dios permite que sucedan cosas malas?
27. ¿Qué sucede con los que nunca escuchan el evangelio?
28. Quiero pensarlo primero.
29. Seguramente te crees mejor que yo.
30. Siempre creí en Dios.
31. Soy judío.
32. Soy una buena persona.
33. Un cristiano me hirió.
34. Ya lo intenté y no funcionó.
35. ¿Y qué sucede con mi familia?
36. Yo soy Dios.

Capítulo 1

IMPOSIBLE FRACASAR

Mi nombre equivalía a *poder*. Era el presidente y director ejecutivo de una empresa internacional multimillonaria, estaba relacionado con la mafia y era el dueño de uno de los prostíbulos más grandes de Estados Unidos. Participaba de chantajes, apuestas y juegos de azar. Tenía un Rolex de oro, una limusina con chofer, dinero, iba por la cuarta esposa, *y* tenía trofeos de mis muchos campeonatos de *racquetball*. Sentía que había logrado alcanzar el *éxito* que tanto promocionaba el mundo. Me burlaba de cualquiera que se atreviera a hablarme de su fe en Dios.

Una mañana, fui a mi club atlético en busca de alguien para aniquilar en la cancha de *racquetball*. Al mirar por la ventanita de la puerta, vi a un hombre que parecía ser judío. Con descaro, abrí la puerta de un empujón y reclamé: «¿Qué hace aquí en Yom Kippur? ¿Por qué no está fuera haciendo lo que ustedes, los judíos, suelen hacer en las fiestas?»

Paul Grant respondió: «También soy un cristiano. Yom Kippur es el día en que los judíos le piden a Dios que perdone sus pecados un año más. Para mí no es necesario, porque ya recibí el perdón mediante Jesús, el Mesías».

«Ay, por favor», me burlé.

Durante meses, el Dr. Grant me escuchó junto a su casillero mientras yo le hacía preguntas e intentaba retrasarlo para que llegara tarde a su consulta. Pensé: *¡Qué estúpido! ¿Cómo puede ser que este idiota se quede aquí sentado y me permita hacerle esto?*

Recién un año y medio después, cuando allanaron mi burdel, tomé en serio sus palabras. En medio de cientos de llamados telefónicos de hombres, preocupados por saber adónde estaban las muchachas o porque sus nombres aparecieran en mis registros, solo el Dr. Grant llamó para preguntar: «¿Estás bien?».

En 40 años, era la primera vez que alguien me hacía esa pregunta. Me impactó tanto su interés que cuando me invitó a ir a la iglesia con él y su esposa Kathie, acepté.

Igualmente, no se lo hice fácil. Cuando llegamos a la iglesia, me senté en la última fila. Cuando el ujier intentó prenderme una rosa con un alfiler, arrojé la flor como un plato volador. Más adelante, cuando los Grant me llevaron a su casa, escuché mi primer testimonio cristiano: el de Kathie.

Kathie es la clase de mujer radiante que no parece haber tenido nunca un granito. La miré incrédulo mientras me contaba cómo habían abusado de ella en la infancia, y que había sido la amante de un magnate petrolero en Indonesia. Supuse que había inventado esa historia para atraparme en alguna clase de secta que ella llamaba «cristianismo». Pero lo más gracioso es que, aunque ese día rechacé su testimonio, todavía recuerdo su vestido. Me acuerdo de la tetera que usó para servir. Me fui de su casa pensando: «Está bien para ti, pero yo no necesito esa basura en mi vida».

(En el apéndice 5, encontrarás mi testimonio completo.)

¿Fracasaron?

A través de los años, muchos se acercaron a mí para hablarme de su fe, pero no los escuché. Se iban desalentados porque los insultaba, los contrariaba o los perseguía. Y si se fueron pensando que habían fracasado, creyeron una mentira, ya que jamás olvidé el nombre, el rostro, o las palabras de aquellos que me hablaron de Jesús.

¡Dios es soberano! Si puede cambiar a alguien como yo, puede hacerlo con cualquiera que conozcas. Pero tienes que saber algo: *no* es tu responsabilidad hacer que el corazón de alguien se vuelva a Dios. Jesús dijo: «Ninguno puede venir a mí, si el Padre que me envió no le trajere» (Juan 6:44). Atraer a las personas a Dios es Su tarea, no la tuya. Pero aun así, si desaprovechas las oportunidades que Dios te da para hablar de tu fe con los demás, perderás también la ocasión de experimentar todo lo bueno que Dios ha planeado para ti. En Filemón 6, leemos: «Ruego que la comunión de tu fe llegue a ser eficaz por el conocimiento de todo lo bueno que hay en vosotros mediante Cristo» (LBLA).

Como verás, el éxito consiste en compartir tu fe y vivir para Jesucristo. No tiene nada que ver con llevar a alguien al Señor, sino con la obediencia.

Aunque no tengas el privilegio de una buena respuesta la primera vez que hables de tu fe, no significa que hayas fracasado, porque fuiste obediente.

Capítulo 2
CAPTA LA VISIÓN

Una noche, tuve un sueño. Una mujer sujetaba a una niñita, y luchaba para mantener su cabecita fuera del agua. Cerca, una ola hundió a un hombre en profundidades salinas. Desesperado, sacudía violentamente los brazos contra una barrera de agua, para tomar bocanadas de aire. Por todas partes, el océano se agitaba lleno de personas que se ahogaban, jadeaban e intentaban con desesperación sacar la cabeza a la superficie. El rugido de las olas implacables apagaba los gritos. El viento atrapaba los gemidos en vano. Estaban solos en su terror, y no había ayuda a la vista.

Entonces, apareció una roca gigante, y se escuchó una voz en la oscuridad. Las personas comenzaron a trepar por la escarpada roca, para ponerse a salvo.

Pero cuando ya estaban seguros, vi algo que me dejó perplejo. Los que salían de las olas enseguida se ocupaban. Comenzaban a construir jardines, vidas y trabajos de roca, a escuchar música de roca y a asistir a reuniones sobre la roca donde hablaban de las personas que seguían ahogándose en el océano. Sin embargo, nadie volvía a la orilla del agua a ayudar.

¿Alguna vez intentaste correr o gritar en un sueño? Yo tampoco puedo. No obstante, intenté correr y gritar con todas mis fuerzas: «¿Cómo pueden olvidar que ustedes también estuvieron en el océano?».

Al observar a los «salvos» tan ocupados en su trabajo de roca y escucharlos hablar sobre ella, comprendí que era la cruz del Calvario. La voz que escucharon era Jesús, que los llamaba por el poder del Espíritu Santo y los invitaba a acercarse. Él nunca está en lo alto de la roca, en la zona segura; llama desde el borde, donde se encuentran los muertos, los enfermos y los perdidos y, como quizás recuerdes, donde te encontró a ti.

¿Sabías que apenas un 5 a 10% de las personas de una iglesia media compartieron su fe el año pasado? Significa que el 90% de nosotros escogió el pecado del silencio. Como en mi sueño, los que se ahogaban están tan ocupados participando de la seguridad de «la Roca» que han olvidado alcanzar a los que todavía se están ahogando.

El pecado del silencio

Se ha debatido mucho sobre cuál de las heridas de Jesús provocó Su muerte. Entre las muchas que recibió, había laceraciones, perforaciones, abrasiones y contusiones. En un sentido, podemos decir que ninguna de estas heridas mató a Jesús. La que causó Su muerte fue el silencio. Nadie habló a Su favor.

Cuando lo arrestaron los soldados romanos, Pedro, su leal discípulo, no huyó pero los siguió a una distancia segura, en silencio, mientras conducían a Jesús a la casa del sumo sacerdote. Los soldados llevaron al Señor adentro, y Pedro se acercó a un grupo que se mantenía caliente junto a un fuego. Varios reconocieron a Pedro como uno de los seguidores de Jesús. Le preguntaron: «¿Acaso no estabas con Jesús?». Pero Pedro lo negó: «Lo siento, no lo conozco».

Por la mañana, antes de que cantara el gallo, Pedro negó a Cristo tres veces. Al leer este relato, sacudimos la cabeza y pensamos: «Qué bueno que nunca hice algo así».

Y aunque la mayoría de nosotros jamás dijo: «No lo conozco», hemos encontrado maneras de negar a Jesús. Lo hacemos al no abrir la boca. Lo negamos con nuestro silencio.

Hablar de nuestra fe debería ser emocionante. Vivimos en una época en que se cumplen profecías bíblicas por todas partes. Sin embargo, muchos permanecen callados.

Mientras tanto, 100.000 iglesias cerrarán sus puertas esta década. ¿Por qué? Porque sus integrantes escogieron el pecado del silencio.

Cuidado con las señales de una vida cristiana agonizante. Pregúntate: *¿Estoy hablando de mi fe? ¿Tengo amigos cristianos exclusivamente? ¿Me junto con los muertos, los enfermos y los perdidos?* Si tú y los miembros de tu iglesia han descuidado la tarea de alcanzar al mundo, te aseguro que la congregación comenzará a dividirse, a murmurar y a pelear por cuestiones cristianas inconsecuentes como la elección de los himnos y el color de las alfombras. Se transformarán en cuidadores de un acuario cristiano en lugar de pescadores de hombres. Tu iglesia irá camino a la muerte espiritual. Es más, puedo profetizarle a cualquier iglesia o creyente, sin temor a errar, que si deciden no evangelizar, ya sea en forma individual o colectiva, su iglesia se fosilizará.

Quizás hayamos olvidado lo que les sucede a los que no nacen de nuevo. Antes de comprometerme a seguir a Cristo, vivía lo que ahora llamo la «mentira del punto medio».

Creía que no era tan malo, que estaba en el «medio» y, por tanto, merecía ir al cielo. Era mentira. La Biblia afirma que si Dios no es tu padre, Satanás lo es. Tienes una relación con Cristo o no la tienes; naciste de nuevo o no lo hiciste. Eres hijo de Dios o Su enemigo; almacenas ira o misericordia; vas al cielo o al infierno. Nadie está en el medio. Nadie está «casi llegando». Los que decidieron rechazar a Cristo están *condenados*. Es *errado* creer que un Dios de amor *no* enviará a los incrédulos al infierno.

Piensa en la cruz, donde Cristo se entregó y llevó nuestros pecados, demostrando el increíble amor de Dios. ¿Pero qué hay de Su justicia? Cuando Cristo, el Cordero inmaculado de Dios, cargó con los pecados del mundo sobre la cruz, gritó: «Dios mío, Dios mío, ¿por qué me has desamparado?» (Mat. 27:46). Dijo: «Soy contado entre los que descienden al sepulcro [...] Abandonado entre los muertos [...] De quienes no te acuerdas ya» (Sal. 88:4–5).

La Escritura deja claro que Dios le dio la espalda a Jesucristo. Arrojó toda Su ira sobre Su propio Hijo inmaculado. ¿Por qué?

Porque un Dios santo no puede mirar el pecado, ya sea que tú lo cometas o que sea depositado sobre Su único Hijo.

Debemos dejar de creer la mentira de que tú o cualquiera que no haya nacido de nuevo no tiene condenación, y negarnos a creer que Dios permitirá que nuestros amigos incrédulos eludan el infierno y se unan a nosotros en el cielo.

Solo dos clases de personas leen este libro:

1. Las que hablan *sobre* los perdidos.
2. Las que les hablan *a* los perdidos.

No me preocupa a cuál pertenezcas ahora, sino quién serás después de leer este enfoque sencillo sobre evangelismo. Quizás hayas sido miembro del primer grupo. Espero que cuando termines de leer este libro te hayas unido al segundo. Pero aun así, algunos del segundo grupo solo arrojan indirectas, en lugar de salvavidas, a los que se ahogan en el mar.

Muchos cristianos afirman que aman al Señor. Ofrecen abrazos y oraciones, pero solo dan pistas sobre la verdad del evangelio. A veces, colocan un pez plateado o una pegatina con la frase: «Toca la bocina si amas a Jesús» en la parte trasera del automóvil. Los más valientes, van a ver un juego de fútbol y levantan pancartas con «Juan 3:16» en letras grandes y rojas.

Estos cristianos no dan suficiente información como para permitir que el Espíritu Santo cambie el corazón. ¡No les señalan a sus amigos cómo pasar del estado de muerte al de vida!

¿Alguna sentiste mucha hambre en casa de una dulce anfitriona? Tu estómago comienza a gruñir y te alivia ver una mesa con mantel de encaje en un rincón. Sobre la mesa, una elegante bandeja de plata llena de minúsculos sándwiches. Sonriente, atraviesas la lujosa alfombra y te acercas a la delicada mesa. Pero al llegar, descubres que por más exquisiteces que pruebes, no te sentirás lleno.

Los mismos principios se aplican a los cristianos que solo ofrecen bocaditos espirituales a sus amigos. Se quedarán con hambre, deseosos de llenarse de vida.

Estos mismos cristianos confiesan: «Bill, voy a la iglesia, llevo una buena vida cristiana, pero nunca hablo de mi fe».

El problema es que si no hablas de tu fe, *no* estás llevando una buena vida cristiana. Romanos 10:14 pregunta: «*¿Cómo, pues, invocarán a aquel en el cual no han creído? ¿Y cómo creerán en aquel de quien no han oído?*».

Debemos comprender que si no explicamos nuestra fe, nuestros amigos quizás jamás la comprendan y, por lo tanto, no tendrán la oportunidad de ser guiados por el Espíritu Santo para creer.

Marnie, una joven madre de dos niños, oró para que Dios la sensibilizara hacia los perdidos. Más adelante, visitó a un amigo anciano en el hospital.

«Quería compartir mi fe con Jim, pero no sabía qué decir. Lo único que se me ocurrió fue afirmar que Dios lo amaba. Lo recibió bien, y quise decirle más, pero no me salían las palabras.

»Cuando Jim se sentía mejor, me llamó por teléfono. Antes de colgar, me dijo: "Ah, mándale saludos de mi parte a Dios".

»Me impactó, y decidí que era hora de aprender a compartir mi fe. Leí el material de Bill, marqué mi Nuevo Testamento de bolsillo y fui a ver a Jim. Aunque todavía tenía preguntas, se mostró francamente abierto a lo que le compartí. No sabía que podía ser tan fácil. Ahora, busco nuevas oportunidades para testificar».

Algunos cristianos argumentan: «Sí, mi pastor, Bill Fay, o algún evangelista de la televisión pueden dar testimonio, pero Dios no puede hacer nada a través de mí». Si así te sientes, olvidas que «lo necio del mundo escogió Dios, para avergonzar a los sabios» (1 Cor. 1:27).

Pero si, como Marnie, compartes el evangelio con un amigo, puedes liberar el poder para cambiar a esa persona y, quizás, hasta la historia.

Si necesitas pruebas de esta verdad, mírate al espejo, porque tu vida cambió cuando escuchaste el evangelio. Si *no* es así, todavía no lo has conocido. ¡Es hora de que lo hagas! Por favor, consulta el resumen al final del capítulo 6 para descubrir cómo puede cambiar tu vida.

Reacción en cadena

Cuando aprovechamos las oportunidades, estas pueden transformarse en reacciones en cadena. Una tarde, visité uno de mis restaurantes preferidos, el *Black Eyed Pea*. Una vez terminada la hora pico del almuerzo, le pregunté a la camarera:

—¿De dónde eres?

—De Ohio —respondió.

—¿Por qué viniste de Ohio a Denver?

—Vine para casarme —contestó, con un dejo de melancolía.

Miré aquellos ojos tristes.

—¿No funcionó?

Bajó la cabeza.

—No.

Me incliné hacia ella.

—Si te interesa, tengo la solución para tu dolor.

Levantó la cabeza y me miró.

—¿Puedo traer a una amiga?

—No hay problema —le contesté.

Así que al mediodía siguiente, nos encontramos en el centro comercial *Sixteenth Street Mall* de Denver. Probablemente, era el peor lugar para encontrarnos, con el parloteo de la multitud que almorzaba y el ruido de los cubiertos.

Sin embargo, a pesar del caos que nos rodeaba y entre muchas lágrimas, estas dos mujeres le entregaron el corazón y la vida a Cristo.

Luego, la amiga miró su reloj. Le pregunté: «¿Se te hace tarde?» Me contestó: «No, Bill. Tengo que volver a la oficina y contarle a todos que pueden obtener el perdón de pecados, igual que yo».

Hoy en día, hay un problema en la iglesia; es sutil, pero allí está. Es cuando personas como nosotros frenan a gente como ella: «¡Espera! ¡Todavía no! No sabes lo suficiente. No has asistido aún a la clase para principiantes. Ni siquiera tienes una Biblia, ¡todavía no has aprendido orar! No puedes hablarle de tu fe a otra persona. ¡No estás preparado!»

¿Y qué hay de la mujer samaritana? Cuando escuchó las buenas nuevas, salió corriendo al pueblo a contárselas a sus amigos. Esta mujer también. Veinte minutos más tarde, una mujer de su oficina me llamó y me dijo: «¿Podrías volver y encontrarte conmigo?»

Eso hice. Me dijo que durante catorce meses, había estado cometiendo adulterio. Hacía dos meses que se había separado de su esposo.

Lo siguiente que supe fue que había entregado su vida a Cristo. Dos días después me llamó el esposo. Me dijo: «Algo le sucedió a mi mujer. Volvió a casa. Me pidió perdón. Bill, ¿qué le ocurrió? Quiero lo mismo para mí».

Vino, escuchó y recibió. El domingo siguiente, me senté en la primera fila de la iglesia con su esposa, y le di la gloria a Dios por restaurar este matrimonio.

Dos semanas después, recibí una llamada del adúltero. Me llamó para saber cómo era posible que su amante lo hubiera dejado.

Lo invité para charlar. Vino, escuchó, pero para mi frustración, no recibió. ¿Pero sabes una cosa? No es mi problema. Tuve el privilegio de escoger la obediencia y compartir el evangelio de Jesucristo. No fracasé; obedecí, y por eso tuve éxito.

No reemplaces la verdad con bocadillos

Tener éxito no equivale a obligar a alguien a comprometerse a seguir a Cristo. A menudo, cuando hablo de mi fe, la otra persona no parece responder.

Cuando el Dr. Grant y su esposa Kathie me hablaron del evangelio por primera vez, lo rechacé. Pero no me olvidé. Su aporte fue un factor importante en mi decisión final un año y medio después.

Los no creyentes deben escuchar el evangelio un promedio de 7,6 veces antes de recibirlo. Así que si alguien te da la espalda cuando le hablas del evangelio, recuerda: la Palabra de Dios nunca vuelve vacía. Quizás, esa persona no había oído nunca el evangelio antes. Tal vez solo haya sido la segunda vez, o la 6,6. Tu obediencia al hablar puede llevar a esta persona a un punto decisivo. Por tanto, debemos caminar por fe y no por vista. Si una mujer rechaza la presentación del evangelio, esta puede ser aún la semilla que dé fruto a su tiempo, y ser el punto crucial para seguir a Cristo.

¿Qué clase de encuentros usa el Espíritu Santo más a menudo para producir fruto? Utiliza un testigo con un corazón motivado por el amor. Una encuesta del Institute of American Church Growth [Instituto de crecimiento eclesiástico en Estados Unidos] mostró que entre un 75 y un 90% de nuevos creyentes llegan a Cristo a través de un amigo o conocido que les explica personalmente las buenas nuevas. Solo el 17% de todas las conversiones se produce mediante un «evento»: una predicación dominical, una campaña de Billy Graham, o un domingo de comunión. Sin embargo, la mayoría de las iglesias dedican la mayor parte de su tiempo, energía y dinero a esta clase de eventos.

¿Imaginas a un hombre de negocios que invierta la mayoría de sus recursos en oportunidades a sabiendas de que le producirán unas ganancias mínimas? Por supuesto que no. Intentaría concentrar sus recursos en oportunidades rentables. Tenemos que seguir su ejemplo a la hora de invertir nuestro tiempo y nuestros recursos para hablar de nuestra fe. Dada la importancia de compartir nuestra fe en forma personal, debemos estar preparados para ofrecer algo más que bocadillos de verdad. No podemos limitarnos a decir: «Dios te ama», «voy a orar por ti», o «voy a la iglesia». Tenemos que estar preparados para comunicar todo el evangelio. «Estén siempre preparados para responder a todo el que les pida razón de la esperanza que hay en ustedes. Pero háganlo con gentileza y respeto» (1 Ped. 3:15-16, NVI).

Este libro te alentará a comprender que cuando compartes tu fe, es imposible fracasar. Te mostrará una manera fresca y dinámica de confrontar a las personas con el evangelio de Jesucristo, con ternura y sin temor. Puedes sentirte exitoso, sabiendo que Dios tiene un lugar especial en Su corazón para los que obedecen Su Palabra.

Un programador informático de 40 años de Boulder, Colorado, está de acuerdo. Wayne afirma: «La técnica de evangelismo que enseña Bill me ha ayudado a compartir mi fe en forma natural como estilo de vida. Al usar las preguntas que recomienda, mis amigos no solo saben que me preocupo por sus necesidades, sino que me interesa su necesidad primordial: su relación con Dios. Saben que estoy dispuesto a escucharlos. Lo necesitan. Después, por haberlos escuchado, tengo la oportunidad de exponer la verdad mediante el poder de la Escritura de una manera no intimidatoria».

¿Estás dispuesto, como Wayne, a obedecer el llamado de Jesús y compartir tu fe? Quizás sea hora de dejar la seguridad de la fortaleza en la roca y aventurarse al borde del océano, o de usar Sus palabras de verdad como salvavidas para los que podrían ser rescatados de las profundidades del pecado. Jesús ya está en la orilla, y te llama a ayudarlo en Su tarea. La pregunta es: ¿lo harás?

Capítulo 3

SUPERA EL TEMOR

Un día, tuve que hacer escala en un aeropuerto, así que fui a un salón privado del *Red Carpet Club* a esperar mi vuelo. Mientras estaba allí, vi a Mohammed Ali, sentado en una mesa con un maletín lleno de folletos sobre la fe musulmana.

Pasé a saludarlo y me dio un par de folletos.

Por su enfermedad, el mal de Parkinson, le tomó mucho tiempo firmarlos con su autógrafo.

Observándolo, pensé: *Este hombre se esfuerza al máximo, con las pocas capacidades físicas y mentales que le quedan, para compartir una mentira. Sin embargo, muchos cristianos se quedan sentados, demasiado asustados para compartir la verdad.*

¿Te corresponde a ti?

Dios nos ha llamado a cada uno a testificar en obediencia, a evangelizar. Si una de tus excusas para no hablar de tu fe es: «No tengo el *don* de evangelización», necesitas examinar la Escritura. Encontrarás el mandamiento de la Gran Comisión: evangelizar, alentar e instar a la evangelización.

Me gusta explicarlo de la siguiente manera: no tengo el *don* explícito de la generosidad; no es un don sobrenatural que Dios me ha dado. Sin embargo, tengo el *deber* de ser generoso. No tengo el *don* sobrenatural de la misericordia, pero tengo el *deber* de ser misericordioso. Como capellán voluntario de la policía, a veces tengo que abrazar a una mujer cuyo bebé murió de muerte súbita (SMIS). A veces, me encuentro en la escena de un crimen, intentando consolar a los sobrevivientes de una horrible tragedia. Y aunque detesto visitar hospitales, mi trabajo me lleva a la cabecera de la víctima de un ataque para darle la mano. Al no ser misericordioso *por naturaleza*, debo depender de Dios para que libere Su misericordia *de forma sobrenatural* a través de mí.

Todos tenemos que evangelizar mediante el poder del Espíritu Santo. El apóstol Pablo escribió: «Todo lo puedo en Cristo que me fortalece» (Fil. 4:13). Esto significa que Dios nos ha dado la fuerza para compartir nuestra fe, a pesar de nuestra falta de dones, talentos y habilidades. En Efesios 1:18-20 (NVI), Pablo dijo: «Pido también que les sean iluminados los ojos del corazón para que sepan [...] cuán incomparable es la grandeza de su poder a favor de los que creemos. Ese poder es la fuerza grandiosa y eficaz que Dios ejerció en Cristo cuando lo resucitó de entre los muertos».

Significa que el mismo poder que levantó a Jesús de entre los muertos vive en nosotros, y que no nos falta nada para completar la tarea.

La Biblia deja en claro que hay un *oficio* de evangelista, y un *oficio* de pastor y maestro, según Efesios 4:11-13: «Y él mismo constituyó a unos [...] evangelistas; a otros, pastores y maestros, a fin de perfeccionar a los santos para la obra del ministerio, para la edificación del cuerpo de Cristo, hasta que todos lleguemos a la unidad de la fe y del conocimiento del Hijo de Dios, a un varón perfecto, a la medida de la estatura de la plenitud de Cristo».

En este pasaje podemos ver que Dios llama al pastor, al maestro y al evangelista para preparar y equipar al cuerpo para obras de servicio. Porque Dios llamó al evangelista, puedo ejercer mi oficio y equiparte para compartir tu fe; y debo decirte que no puedes ignorar la evangelización solo porque te resulte difícil. Cuando obedeces y compartes tu fe, le das a Dios la oportunidad de obrar *a través de* ti, e incluso *a pesar de* ti. Jesús nos dijo: «¡*Vayan*!». No fue una opción, ¡fue un mandamiento!

Entonces, ¿por qué nos cuesta hablar de nuestra fe? ¿Por qué tenemos tanto miedo? Veamos los seis temores principales que nos impiden testificar, y descubramos cómo superarlos.

1. Me da miedo que me rechacen.

No hay peor temor que el miedo al rechazo, al menos, así pensaba Bob. Su temor al rechazo era tan intenso que cortó todos los lazos con su hija. No había visto a Carry desde el divorcio con su madre, unos quince años atrás. Temía contactarla por creer que lo rechazaría de pleno. Así que permaneció lejos y nunca le dio la oportunidad de cerrarle la puerta en la cara.

¿Cómo puede alguien como Bob vencer el temor al rechazo y tener éxito al evangelizar?

¿Qué es el evangelismo exitoso? En primer lugar, no es un concurso. Como ya vimos, tener éxito supone comunicar tu fe y vivir para Jesucristo. No tiene nada que ver con llevar a alguien al Señor.

Tenemos que alejarnos de la mentalidad de «ganar a la gente». Las personas no ponen su fe en Cristo porque las obliguemos a creer, sino porque Dios nos usa para señalarles la verdad. Si «ganamos» a alguien para Cristo, lo más probable es que no se haya salvado. Se cuenta que el evangelista D. L. Moody viajaba en tren luego de una campaña. Un viejo borracho se le acercó y comentó: «Sabe, Sr. Moody, yo soy uno de sus conversos». El Sr. Moody lo miró a los ojos y le dijo: «Hijo, me temo que sí eres uno de los míos, porque sin duda, no eres un seguidor de Cristo».[1] Moody entendía la diferencia.

Cuando los demás rechazan tu mensaje, no te rechazan a ti, sino a Jesús y a la Palabra de Dios. Por lo tanto, no has fracasado en tu obediencia. Aunque tu manera de comunicar el mensaje carezca de tacto y amor, Dios puede usarlo. Lo que no puede utilizar es tu pecado de silencio.

He visto maneras extrañas de comunicar la fe. Por ejemplo, un director de jóvenes y sus adolescentes compraron un ataúd. Uno de ellos, disfrazado de muerto, se metió dentro. El grupo llevó el ataúd con el «muerto» hasta la calle principal. Una vez allí, transportaron el féretro por la calle mientras en un reproductor de música sonaba una melodía de celebración. Cuando se juntó un grupo de personas, los adolescentes quitaron la tapa al ataúd y mostraron el «cuerpo», con los ojos cerrados y las manos dobladas sobre el pecho. Entonces, el supuesto pastor comenzó el elogio fúnebre. «Aquí yace el buen John. Le gustaba pescar y leer sus libros».

De repente, el muerto abrió los ojos y saltó del ataúd. Señaló al pastor con el dedo y le gritó: «Nunca me dijiste que debía nacer de nuevo para entrar al reino de los cielos. Jamás me hablaste de tu fe. ¡No me diste la oportunidad de decidir seguir a Cristo! Ahora voy camino al infierno por tu culpa».

Mientras todos observaban la dramática escena espantados, los adolescentes comenzaron a repartir folletos y a testificar. Varios de los presentes se comprometieron a seguir a Cristo.

A mí no me encontrarían nunca disfrazado de cadáver. Sin embargo, Dios usó este enfoque tan extravagante por la fidelidad de aquellos adolescentes en compartir las buenas nuevas.

Supongamos que hoy intentaras hablar de tu fe con la primera persona que encontraras, y te rechazara. ¿Habrías fracasado? De ninguna manera. Escogiste obedecer el evangelio. Imaginemos que, al día siguiente, un amigo comparte su fe con la primera persona que ve, y esta no solo responde al evangelio sino que llega a convertirse en el próximo Billy Graham. ¿Podría tu amigo adjudicarse esa victoria? Por supuesto que no.

Cuando, en el reino de Dios, las personas deciden obedecer, no hay éxitos ni fracasos. Es más, es un área de tu vida cristiana donde no puedes equivocarte. Aun predicando sin tino, sin amor o en un mal momento, nuestro Padre celestial puede usarte. Lo que no puede usar es tu silencio.

El apóstol Pablo hablaba de su fe «con debilidad, y con temor y mucho temblor» (1 Cor. 2:3, lbla). Sin embargo, logró algo importante porque *fue*, y Dios lo usó. Seguramente no le divirtió recibir golpes, naufragar, que lo apedrearan, que lo mordiera una serpiente o que lo bajaran por un muro metido en un canasto, pero a pesar del costo personal, Pablo fue. Y cada vez que lo hizo, Dios le dio el poder del Espíritu Santo. A pesar de las dificultades, Pablo pudo transformar el sufrimiento en gozo.

Eso queremos para nuestras vidas cristianas. Aunque nos arrojen piedras y duela, de alguna manera Dios transforma el dolor en gozo.

¿Cómo podemos descubrir la alegría de compartir nuestra fe si le tenemos *tanto* miedo al rechazo? Volvamos a mirar a Bob, el padre que llevaba quince años sin ver a su hija. Cuando me escuchó predicar sobre el pecado del silencio, tomó una decisión: antes de irse de la iglesia, iría a la oficina de la congregación y llamaría a su hija. Minutos después de la reunión llamó a Carry y le pidió perdón. Luego, comenzó a contarle cómo Dios había cambiado su vida.

Al día siguiente, Bob y Carry se encontraron y, tras una separación de años por miedo al rechazo, volvió a pedirle perdón a su hija y la llevó a Cristo. *¡Eso es gozo!*

No todos los que comparten su fe obtienen una respuesta positiva. Por ejemplo, un joven introvertido decidió testificar a una compañera de trabajo. Relata lo siguiente: «Le hablé de mi fe a Sara y no quiso comprometerse a seguir a Cristo, pero estoy emocionado porque pude hablarle de mi fe. No sabía que podía ser tan sencillo».

Otra mujer compartió su fe con un familiar que respondió bruscamente: «De ninguna manera». Más adelante, Lauren dijo: «No importa. Apuntaré ese momento como un logro. No he acabado aún. Si una persona ha de escuchar el evangelio un promedio de 7,6 veces para que cambie su vida, entonces apenas comencé. Una menos, ¡faltan 6,6 más!».

2. Me da miedo lo que piensen mis amigos.

Martha, una mujer de unos 60 años, se me acercó después de un seminario. «Mi esposo y mis hijos no son salvos», me dijo con lágrimas en las mejillas. «Nunca me animé a explicarles el evangelio. ¡Siempre me preocupó lo que pudieran pensar!».

¿Por eso permaneces callado: porque te preocupa lo que vayan a pensar tus amigos? Bueno, déjame preguntarte: ¿qué piensan de ti ahora?

Puedes hablar de tu fe o puedes callar y, en tu silencio, llevar con amor a tus amigos hacia el infierno. Algunos alegan: «Temo que me persigan si testifico».

Jesús no nos prometió otra cosa. Afirmó: «Si a mí me han perseguido, también a vosotros os perseguirán» (Juan 15:20).

Sin embargo, no es una mala noticia. Mateo 5:10-12 promete una doble bendición cuando nos persigan: «Bienaventurados los que padecen persecución por causa de la justicia, porque de ellos es el reino de los cielos. Bienaventurados sois cuando por mi causa os vituperen y os persigan, y digan toda clase de mal contra vosotros, mintiendo. Gozaos y alegraos, porque vuestro galardón es grande en los cielos».

¿Cuántos de tus amigos saben que eres cristiano, pero no comprenden el evangelio? Muchos no lo han recibido, porque esperan que tú se lo expliques.

Kristine se sorprendió al descubrir esta verdad. Hacía 20 años que conocía a Joel. Sabía que su amiga era cristiana, pero nunca le había explicado el evangelio. Tras escuchar un mensaje sobre cómo compartir la fe, decidió que contactaría a Joel y le presentaría el evangelio, aunque pusiera fin a su amistad.

Unos días más tarde, sentados en el sofá, le dijo: «Joel, todos estos años, siempre conociste mi condición espiritual. ¿Y tú? ¿Cuál es tu condición?».

Kristine pudo al fin preguntar y Joel abrió su corazón. Ella le presentó el evangelio y él le entregó su vida al Señor.

Me alegra decir que Martha, la mujer que nunca había hablado de su fe con su familia, también captó la visión. Más tarde, aquella noche tras el seminario, me dijo: «Esta noche encontré la valentía y la libertad para hablarle a mi familia de Jesús, ¡y la *primera* persona a la que voy a testificar será mi esposo!».

Aunque Martha y Albert nunca habían hablado de cuestiones espirituales, ella regresó a su casa y le hizo las cinco preguntas iniciales. Luego, él le permitió que le mostrara las Escrituras. Al comprender que necesitaba invitar a Jesús a su vida para perdón de sus pecados, se comprometió de buena gana. A la semana siguiente, Martha y Albert fueron a ver a sus hijos y compartieron su fe con ellos. También aceptaron a Cristo como su Salvador.

Después, Albert se tomó vacaciones y, junto con Martha, fueron a visitar a parientes en otros estados, donde tuvieron el privilegio de hablar de su fe y llevar a sus seres queridos a Jesús.

3. No creo que pueda testificar a mis compañeros de trabajo.

Ray, pastor de una pequeña iglesia en Arizona y ex boxeador profesional, tenía un segundo empleo como albañil. Antes de convertirse al cristianismo, era conocido por pelearse en las tabernas. Dentro y fuera del cuadrilátero, siempre era un ganador. Sus compañeros de trabajo no solo molestaban a Ray y se burlaban de su fe, sino que ridiculizaban a Dios. Ray dijo: «Tuve que hacer un esfuerzo titánico para no responderles como lo habría hecho antes de ser cristiano».

En lugar de reaccionar, simplemente oró por sus compañeros y les advirtió que fueran respetuosos con Dios.

Un día, Ray y dos compañeros estaban pintando sobre un andamio. De repente, una explosión sacudió el aire arrojándolos a todos del andamio, excepto a Ray. Sus dos compañeros cayeron vertiginosamente hacia una pared de llamas. Ray bajó de un salto y envolvió a uno de los hombres con su propia ropa, intentando detener el fuego. Mientras lo tenía en sus brazos, el burlador le dijo: «Me lo advertiste, ¿no?».

Ray le respondió: «Sí, te lo advertí».

El hombre le entregó su vida al Señor allí mismo. Esa noche, Ray fue a visitar a la otra víctima al hospital. El hombre estaba tan impactado por el espíritu de servicio de Ray que le preguntó: «¿Cómo puede ser que me ames así después de lo mal que te he tratado?».

Una semana después, la segunda víctima del incendio salió del hospital, invitó a Ray a su casa y le entregó su vida a Jesucristo. Hoy, los dos hombres asisten a la iglesia de Ray.

¿Es importante hablar de tu fe con tus compañeros de trabajo? Sí. Después de todo, Dios los ha puesto en tu camino, quizás por esa misma razón. Una mujer que asistió a mis seminarios dijo: «Ahora que sé cómo comunicar mi fe, tengo una nueva confianza en mí misma. Ya no me avergüenza quién soy en el trabajo. Sé que cuando me persiguen por mi fe, tengo una doble bendición. Y Dios me ha dado la oportunidad de testificar. En especial, me gustó su cita de San Francisco de Asís: "Predica el evangelio en todo momento; y si es necesario, usa las palabras"».

Creo que no está bien tomar tiempo de trabajo para presentar el evangelio. No hay problema en hacer las primeras cinco «preguntas para testificar de Jesús», de las cuales hablaré en el capítulo 4; solo tomarán unos momentos. Así que siéntete en libertad de tantear el terreno para ver si un compañero está abierto al evangelio. Si lo está, invítalo a almorzar, a tu casa o a la iglesia, para poder hablarle del evangelio.

Siempre puede haber una excepción a mi regla de «no compartir», en especial si el receptor es tu jefe. Por ejemplo, desde hacía años, Lois era la asistente de Randal. Nos relata: «Él sabía que yo era cristiana, y solía bromear sobre mi fe. Un lunes, me preguntó: "¿Fuiste a eso de la iglesia otra vez?" Le respondí: "¿Qué quieres decir con eso de la iglesia?" Me dijo: "Bueno, ¿qué es lo que hacen?"».

Lois respondió: «Déjame mostrarte lo que aprendí el domingo por la noche». Se sentó y le hizo las cinco «preguntas para testificar de Jesús» que había aprendido en mi seminario, y luego le mostró los pasajes de la Escritura. Allí mismo, Randal le entregó su vida al Señor. Lois declaró: «Mi esposo ahora discipula a Randal, y antes de comenzar a trabajar, oramos juntos con él».

4. No sé lo suficiente.

¿Alguna vez sientes que no sabes lo suficiente para comunicar tu fe? Imagina si tuvieras que hablarle de tu fe a un hombre como Nate, que está dentro del percentil superior de inteligencia y que lee y retiene 1250 palabras por minuto.

Este hombre es tan brillante que no solo obtuvo una de las notas más altas en el test de Mensa, una prueba para genios, sino que encontró un error en el examen mientras lo realizaba.

Nate era un caso difícil. Hacía 20 años que era ateo, y su pasatiempo era destruir religiones. ¿Qué clase de persona crees que Dios eligió enviar a la vida de Nate? ¿Un genio como él? ¿El ganador de un premio Nobel? ¿A Josh McDowell?

No, Dios envió a John, un indígena Pienegro que apenas había terminado la escuela secundaria.

Nate estaba en las fuerzas armadas, y viajaba en un autobús con John. Otros soldados se divertían arrojando la Biblia de John por la ventanilla para molestarlo. Con paciencia, John se bajaba del autobús y la buscaba sin quejarse.

Nate le preguntó: «¿Por qué dejas que esos payasos te traten así?».

John respondió: «Señor, yo soy cristiano».

Hasta ese momento, Nate nunca había atacado la fe cristiana. Había hecho trizas todas las demás religiones sin problema. Sin embargo, el cristianismo lo había dejado perplejo. Así que decidió desafiar a este sencillo hombre de fe.

—¿Quieres decir que crees que a un hombre lo vomitaron de la boca de una ballena? —le preguntó.

—Sí, señor —respondió este sencillo hombre de fe.

—¿Por qué?

—Mi Biblia lo asevera.

Sin importar qué pregunta le arrojara Nate a John, este respondía con un sí o un no, seguidos de «mi Biblia lo afirma».

La mente brillante de Nate no pudo hacer tambalear la fe de John, y eso terminó sacudiéndolo a él. Esa noche, Nate regresó a su casa y tomó prestada la Biblia de un vecino. La leyó de tapa a tapa durante el fin de semana.

Un versículo de Job 5:9 le llegó al corazón: «Él realiza maravillas insondables, portentos que no pueden contarse» (nvi).

Nate no pudo ignorar esta verdad que transformó su vida. Ahora es uno de los mejores defensores de la fe cristiana que he conocido. ¿Cómo sucedió esto? John, un sencillo hombre de fe con educación secundaria, creyó un versículo: «No con ejército, ni con fuerza, sino con mi Espíritu, ha dicho Jehová de los ejércitos» (Zac. 4:6).

Según mi experiencia, la excusa de «no sé lo suficiente» en general viene de alguien que ha sido cristiano durante más de diez años. Cuando me encuentro con este pretexto, me gusta bromear diciendo: «El problema es que has estado demasiado tiempo sentado acumulando información y estás espiritualmente constipado. ¡Tienes que liberarla!».

5. Me da miedo perder a mis amigos y mis parientes.

Estaba visitando una hacienda cuando Philip, empresario y dueño de una cadena de ferreterías, me preguntó sobre Dios.

Cuando me senté a hablar del evangelio con él, sacó un bloc de notas amarillo y un lápiz para tomar nota.

Cuando terminé, Philip solo había anotado dos o tres frases. Levantó la mirada y declaró: «Es demasiado simple».

«¿Por qué?», le pregunté.

Philip me respondió con otra pregunta: «¿Qué hará Dios con todos mis negocios?».

Como no sabía si Dios lo bendeciría o no, activé el «principio del por qué» y le pregunté: «¿Por qué, Philip? ¿Qué tienen que ver tus negocios?».

Volvió a cambiar de tema y preguntó: «¿Y qué pasa con mi madre?».

Sabía que habíamos llegado al tema central. Me contó que su madre pertenecía a una denominación religiosa que no creía en la fe personal en Cristo. Le había dicho que lo desheredaría si alguna vez aceptaba a Cristo como su Salvador.

Mientras escuchaba su historia, abrí la Biblia en Mateo 10:37-38, se la entregué y le dije: «Lee en voz alta».

Leyó: «El que ama a padre o madre más que a mí, no es digno de mí; el que ama a hijo o hija más que a mí, no es digno de mí; y el que no toma su cruz y sigue en pos de mí, no es digno de mí».

Le pregunté: «¿Qué significa esto para ti?».

Me miró y dijo: «Me preocuparé por mi madre más adelante»; inclinó la cabeza y aceptó a Cristo como Salvador personal. Hace más de doce años que es diácono de su iglesia.

¿Se nos garantiza un final feliz si predicamos el evangelio a nuestros amigos y familia? Según la Escritura, Jesús vino a dividir. Dijo: «¿Pensáis que he venido para dar paz en la tierra? Os digo: No, sino disensión. Porque de aquí en adelante, cinco en una familia estarán divididos, tres contra dos, y dos contra tres. Estará dividido el padre contra el hijo, y el hijo contra el padre; la madre contra la hija, y la hija contra la madre; la suegra contra su nuera, y la nuera contra su suegra» (Lucas 12:51-53).

Cuando rindes tu vida a Cristo, puede costarte todas las relaciones que tengas. En verdad debes morir a ti mismo, seguir a Cristo y dejar atrás a los seres queridos.

Murray se convirtió. Decidió hablar de su fe con sus padres, aunque le habían dicho que si alguna vez llevaba su religión a casa, no le permitirían volver.

De camino a casa de sus padres, pasó a verme y oramos juntos. Luego, levantó la mirada con los ojos humedecidos y preguntó: «No tengo opción, ¿verdad, Bill?».

Sacudí la cabeza.

Me dijo: «Puedo permanecer en el pecado del silencio y no decir nada, y observar cómo mis padres siguen en condenación por no haber escuchado el evangelio, o puedo decidir arriesgarme a que me rechacen para siempre».

Asentí.

Pensó un momento y luego dijo: «El llamado está claro».

Le respondí: «Sí».

Se fue y lo arriesgó todo, incluso la separación de su familia. Por fortuna, la historia de Murray tuvo un final feliz. Se llenó de gozo cuando sus padres se comprometieron con Cristo. Pero el resultado podría haber sido otro. Murray estuvo dispuesto a aventurarse a pesar del costo personal.

6. No sé cómo hacerlo.

Sherry estaba decidida a hablar de su fe con sus padres, George y Donna, así que les escribió una carta. Luego, sacó un pasaje de avión para ir a visitarlos a Texas. Más adelante, cuando sus padres la despidieron en el aeropuerto, Sherry se dio cuenta de que no había comunicado su fe y rompió en llanto. Donna preguntó: «¿Qué te sucede, cariño?».

Sherry le dijo: «Vine a compartirles lo más importante de mi vida, y no hablamos de ello».

Donna preguntó: «¿Te refieres a la carta que nos escribiste?».

Sherry asintió.

Donna se volvió a su esposo y le dijo: «George, déjala que nos cuente».

Pero para entonces, Sherry se sentía tan aturdida que cuando abrió la Biblia, las palabras se desdibujaron por las lágrimas. Cuando intentó hablar, lo único que logró fue divagar y sollozar.

Quizás eres como Sherry, siempre con la intención de hablar de tu fe pero sin saber cómo.

Una vez estudiada la técnica que explico en este libro, descubrirás que hablar de tu fe es tan simple que tu única frustración será no haberlo sabido antes.

Seis meses más tarde, Sherry escuchó la presentación de «Testifica de Jesús sin temor». Pudo llamar a sus padres por teléfono y utilizar esta técnica para predicarles el evangelio.

Donna y George admitieron que creían. Sin embargo, Sherry no estaba segura de que su fe estuviera arraigada, porque no veía evidencia en sus vidas. Sin embargo, dijo: «Pude explicarles el evangelio y, al menos, logré que reconocieran la verdad. Es un comienzo».

Hace poco, dos jovencitas, Karen y Sharon, se me acercaron después de una reunión y me pidieron: «Bill, ¿podrías orar por nosotras? Vamos al hospital a ver a nuestro padre que está muriendo de cáncer. Ya hemos intentado hablarle de nuestra fe, pero nunca llegamos a nada. Sin embargo, lo que nos enseñaste esta noche parece tan sencillo que queremos volver a intentarlo».

Unos días más tarde, recibí una llamada. Karen me dijo: «No solo llevamos a Papá a Cristo, sino que su compañero de habitación escuchó nuestra conversación y preguntó: "¿Y yo?" ¡También recibió a Cristo! Estamos experimentando el gozo de Dios de maneras totalmente nuevas, porque comprendemos que ya no podemos fracasar».

Deja de lado las excusas

Si anhelas experimentar el nivel de gozo que tantos otros han encontrado, deberás dejar de lado las excusas para no hablar de tu fe. Tendrás que practicar la obediencia a la Gran Comisión. No solo habrá un impacto en la vida de tus seres queridos, al darle al Espíritu Santo la oportunidad de acercarlos a Cristo, sino que también experimentarás una nueva profundidad en tu relación con Dios. Después de todo, Él prometió: «Yo estaré contigo» (Ex. 3:12). Espera y verás lo que Dios puede hacer con una persona común y corriente como tú que obedece y comparte su fe.

Capítulo 4

LAS PREGUNTAS PARA TESTIFICAR DE JESÚS

Recuerdo a Dave Nicholl, entrenador de Windsor, Colorado. Como muchos de nosotros, Dave se había dormido en los laureles a la hora de compartir su fe. Días después de que su iglesia comenzara a orar para que surgiera en los creyentes pasión y compunción por los perdidos, dos adolescentes de su escuela secundaria murieron en un trágico incidente en una fiesta. Al día siguiente, Dios obró en el corazón de Dave que recibió convicción de que el pecado del silencio ya no estaría en su vida.

Poco después tuvo la oportunidad de regalar libros a los estudiantes que se graduaban. Al visitar a los adolescentes en sus casas, tuvo muchas oportunidades de presentar el evangelio. Por la gracia de Dios y el compromiso y la perseverancia de Dave, más de 70 personas aceptaron a Cristo como su Salvador en Windsor.

Dave dijo: «Aunque he hablado de mi fe de distintas maneras a través de los años, el enfoque de "Testifica de Jesús sin temor" fue el más sencillo. Me limito a presentar preguntas y pasajes bíblicos. Es un proceso recíproco. Las preguntas permiten que los demás abran su corazón, y los pasajes bíblicos dejan que el Espíritu Santo cambie sus corazones. Los resultados son increíbles».

Si Dave puede hacerlo, tú también. Solo tienes que saber qué preguntas hacer.

Herramientas para la conversación

Ya dijimos que una persona necesita escuchar el evangelio un promedio de 7,6 veces antes de recibirlo. ¿Cómo saber qué corazón ha alcanzado ese porcentaje? Lo desconoceremos hasta preguntar y sondear cómo está obrando Dios, para poder unirnos a Él.

Esta clase de preguntas es como un termómetro para carne. Piensa en la cocina cotidiana. Cuando preparas una carne asada, sueles usar un termómetro para ver qué sucede en el interior de la carne. De otra manera, con variables como el grosor de la carne o los cambios de temperatura del horno, ¿cómo sabrías cuándo está a punto?

Ahora bien, no puedo ir por la vida con un termómetro en mano, preguntándole a las personas: «¿Te estás cocinando?», pero sí puedo insertar una pregunta en la conversación para intentar determinar si Dios está obrando y si el corazón está abierto. Por ejemplo, si hablo con una mujer, puedo preguntarle: «¿Cuál te parece el mayor problema que las mujeres afrontan hoy día?». A veces, bromeo y añado: «¡Y la respuesta no puede ser "los hombres"!».

Quizás se ría antes de señalar el problema de la presión del tiempo.

Yo respondo: «Te piden que seas supermamá y, al minuto siguiente, tienes que ser la mejor empresaria. No sé cómo hacen las mujeres en la sociedad actual. Por cierto, ¿tienes alguna creencia espiritual?».

¿Captaste el cambio? En medio de cualquier conversación, puedo insertar una de las cinco «Preguntas para testificar de Jesús» que estamos a punto de considerar, para averiguar si Dios está obrando. ¿Ves qué fácil es insertar un termómetro espiritual?

La pregunta: «¿Tienes alguna creencia espiritual?» nos coloca en el camino que queremos transitar. Corremos hacia el evangelio de Jesucristo.

A veces le pregunto a un hombre: «¿Cuál es tu deporte favorito?». A menudo, su respuesta es: «el fútbol americano».

Le digo: «Es impresionante cuánto dinero ganan algunos atletas. Pero después, uno se da cuenta de que sus vidas están llenas de drogas y abuso familiar. ¿Te has preguntado alguna vez cuánto dinero hace falta para que la vida de un hombre sea perfecta?».

A menudo, responde: «Mucho».

Mi respuesta: «Sí, así es. ¿Tienes alguna creencia espiritual?».

De repente, pasamos de hablar de deportes a la espiritualidad en una sola pregunta.

Otra de mis herramientas de conversación favoritas es: «Por cierto, ¿asistes a alguna iglesia?».

A menudo obtengo respuestas como: «Mi primo es pastor en Nebraska», o: «Voy a esa blanca y grande, pero no recuerdo el nombre». Respuestas como estas encienden una señal de alarma.

Una vez hice esta pregunta en un restaurante en Alaska. Cuando la camarera volvió a llenar mi taza de té, le pregunté: «¿Asistes a alguna iglesia?».

Sus mejillas se encendieron. Pensé que iba a desmayarse, pero dio un par de pasos hacia atrás y dijo: «Lo he estado pensando hace unas semanas».

¡Bingo! Eso desencadenó una conversación espiritual.

Otra vez, estando sentado junto a una mujer en un avión, le pregunté al final del vuelo:

—¿Termina aquí su viaje?

—Sí.

—¿Para quién trabaja?

—Soy ingeniera de la empresa *Hughes Aircraft*.

—Qué bien. ¿Asiste a alguna iglesia?

—Soy católica copta.

Teníamos unos dos minutos y medio antes de que el avión se detuviera.

Entonces hice una pregunta que nunca antes había formulado: «¿Cómo se salva un católico copto?».

Me miró y me dijo: «Me lo he preguntado últimamente».

Ah, aquí encontré un 7,6; y se me acababa el tiempo. De repente, se escuchó un anuncio del capitán. Permanecí quieto, porque quería decirle cómo obtener la salvación; ella me imitó, porque quería escucharme. Cuando oí el aviso solté una risita, porque había olvidado mi propia enseñanza. Dios es soberano y tiene el control. El capitán anunció: «Lo lamento, damas y caballeros, no podemos entrar a la puerta de embarque en este momento, por haber otro avión; por tanto, habrá una demora».

La mujer se rió y tuve que sonreír. *Señor, eres soberano.* Dispusimos de todo el tiempo necesario. Pude hablarle y observar cómo invitaba a Cristo a su corazón.

Estas herramientas te ayudarán a dirigir la conversación hacia Dios. Si necesitas otra idea, intenta este experimento sencillo. Acude a un vecino, un amigo o pariente y dile: «¿Podrías ayudarme con una encuesta de cinco preguntas?».

Enseguida estarás camino a compartir tu fe.

Las cinco preguntas

Recuerdo una vez que estaba sentado con John en un restaurante. Me lo había presentado un amigo. Charlamos un rato antes de preguntarle:

—¿Tienes alguna clase de creencia espiritual?

—Sí, he participado de varias religiones. Asistí a la iglesia católica, probé la ciencia cristiana y he estudiado las religiones mundiales.

—Mmmmm. Según tu opinión, ¿quién es Jesucristo?

—Probablemente fue un buen hombre, un maestro y profeta que intentó lograr un cambio en esta Tierra.

—Mmmmm. ¿Crees que existe el cielo o el infierno?

—No lo sé. A veces, la Tierra parece el infierno.

Sonreí y le pregunté:

—Si murieras, ¿adónde irías?

—Si se puede ir arriba, espero poder ir allí.

—¿Por qué Dios te dejaría entrar al cielo?

—He llevado una vida básicamente moral —respondió John.

Entonces, con mi mejor sonrisa, repliqué:

—Si lo que crees no fuera verdad, ¿te gustaría saberlo?

—Por supuesto.

Escucha lo que sucedió. Al final de mi cuestionario, John me dio *permiso* para hablarle de mi fe. Lo hice, y me alegra informar que aceptó a Cristo como su Salvador; lleva más de ocho años caminando con Él.

¿Por qué crees que John y yo no peleamos? ¿Por qué no entramos en desacuerdos de intelecto y religiones mundiales? ¿Cómo evitamos discutir?

Porque le hice una pregunta.

¿Por qué son efectivas las preguntas? Por un lado, la mayoría de las personas tiene una opinión sobre casi cualquier tema, y les encanta comunicarla. En segundo lugar, las preguntas funcionan porque, como interrogador, te otorga el control sin que tu amigo se ponga a la defensiva.

Las preguntas son siempre amistosas, porque no quieres obligar a nadie a darte la razón. Lo único que tienes que hacer es sentarte y escuchar sus respuestas.

El principio del «Mmmmm»

Cuando hago estas preguntas, diga lo que diga el receptor, nunca respondo. Lo único que digo es «Mmmmm». Como muchos cónyuges saben, es difícil discutir con alguien que solo asiente con un «mmmmm».

Pero aquí hay un principio en acción y nos recuerda que si realmente te importa una persona y la amas de verdad, escucharás con atención. Al prestar oído a su relato, mediante el poder del Espíritu Santo quizás puedas percibir si su problema es de soledad, vacío, dolor o enojo. Podrás discernir cuán cerca está su corazón de Dios.

Las cinco «Preguntas para testificar de Jesús» son:

1. ¿Tienes alguna clase de creencia espiritual?
2. Para ti, ¿quién es Jesucristo?
3. ¿Crees que existe el cielo o el infierno?
4. Si murieras, ¿adónde irías? Si es al cielo, ¿por qué?
5. Si lo que crees no fuera verdad, ¿te gustaría saberlo?

Estas preguntas canalizan la conversación. Puedes comenzar por cualquiera de la lista, según te sientas guiado. La primera pregunta que suelo formular sirve para romper el hielo.

1. ¿Tienes alguna clase de creencia espiritual?

Nunca pregunto: «¿Crees en Dios?», porque a menudo se considera ofensivo. La persona puede sentir que su creencia en Dios no es asunto mío. Aun así, la mayoría de la gente responde gustosa a una pregunta sobre creencias espirituales, porque le agrada emitir su opinión.

Cuando hago esta pregunta, algunos me contestan en dos segundos, y otros se explayan a sus anchas. Lo importante no es la longitud de la respuesta, sino que escuches mientras el otro te abre su corazón.

Recuerdo una vez que estaba esperando en la fila de un restaurante local. La mujer delante de mí estaba cubierta de joyas con símbolos ocultistas de la Nueva Era. No pude resistir preguntarle: «¿Por qué las usas?».

Me dijo que era chamán, una bruja blanca. «¿Tienes tiempo para tomar un café?», pregunté.

Accedió, y nos sentamos en un sector comunitario, donde le pregunté: «Tienes alguna clase de creencia espiritual?».

Mi reloj marcó 22 minutos mientras ella explicó su fe en la brujería, y lo único que dije fue: «Mmmmm».

Al tener una personalidad tipo A, me costó muchísimo permanecer callado, porque quería interrumpir e intentar arreglarla. En cambio, escuché con amor.

Ya sea que se trate de la bruja que habla durante 22 minutos o de alguien que responde con rapidez: «Sí, tengo una creencia espiritual», no respondo. Sencillamente, paso a la siguiente pregunta.

2. Para ti, ¿quién es Jesucristo?

Esta pregunta separa a las personas religiosas de las relacionales. Los religiosos suelen responder algo como: «Jesús es el hijo de Dios o un hombre que murió en la cruz. Es el Hijo unigénito de Dios». Es una afirmación teológica correcta, pero sumamente impersonal. Si te hiciera la misma pregunta, esperaría que respondieras: «Es *mi* Señor y *mi* Salvador». ¿Escuchaste el «mi» en tu voz? Tu respuesta demuestra que tienes una relación personal con Cristo.

3. ¿Crees en el cielo o el infierno?

Una señora vino a mi casa para intentar venderme algo. Cuando entró, lo primero que le pregunté fue: «¿Cree en el cielo o el infierno?».

«De ninguna manera», respondió.

Entonces, pasé a la siguiente pregunta.

4. Si murieras, ¿adónde irías?

La mujer respondió: «Al cielo, por supuesto».

¿No es interesante que esta mujer creyera que iría a un lugar que acababa de afirmar que no existía? Esto se debe a que pasó de una convicción de la cabeza a una del corazón.

Puedes seguir con otra pregunta. «¿Por qué Dios te dejaría entrar?».

Eso nos lleva a la última pregunta que te ayudará a llegar adonde quieres ir. Es la que te dará permiso para abrir la Biblia y compartir la Escritura.

5. Si lo que crees no fuera verdad, ¿te gustaría saberlo?

Es una pregunta crucial. Las personas temen perder oportunidades por no tener la información correcta.

Hay solo dos posibles respuestas a esta pregunta: sí o no. Si la respuesta es sí, tienes permiso para pasar a la próxima fase.

Te diré algo sorprendente: en los últimos 16 años ni una sola vez que hice esta pregunta recibí un: «no» definitivo.

Déjame explicarte. Si le digo a alguien: «Si lo que crees no fuera verdad, ¿te gustaría saberlo?», podría recibir un «¡No!» enfático.

Me quedo en silencio.

Enseguida me preguntan: «Bill, ¿no vas a decírmelo?».

Respondo: «Pensé que no querías saber». La mayoría de las veces, la persona contesta: «Sí, quiero». Y volvemos a empezar. Luego abro la Biblia y permito que esa persona lea pasajes seleccionados, de los que hablaremos en el próximo capítulo.

Úsalas según sea necesario

Es posible pasar por alto las herramientas conversacionales y dirigirnos directamente a cualquiera de las cinco «Preguntas para testificar de Jesús». Por ejemplo, no hace mucho, al lanzar una de estas preguntas, descubrí a una persona que ya había llegado al 7,6.

Estaba en el aeropuerto y me acerqué a una empleada de la aerolínea. Le dije: «Me gusta hacer una pregunta al personal de Continental».

Me echó una mirada fulminante por encima de sus bifocales: «¿Qué quiere saber?».

«Siento curiosidad», dije. «Si muriera en este momento, ¿adónde iría?».

Sus facciones se suavizaron. «Es la pregunta más importante que me han hecho».

Fue realmente sencillo ver que Dios ya estaba obrando en su vida. Tuve el privilegio de participar con Él y hablarle de mi fe a esta mujer. Me senté con ella y le presenté el evangelio. Fue emocionante ver cómo abrió su corazón a Cristo.

Imposible fracasar

Al comenzar a hacer estas cinco preguntas, creo que te sorprenderá ver la apertura de la gente, pero, por favor, recuerda que tu motivación para el evangelismo debe ser tu amor por Dios y por las personas. No es algo más para hacer; es un acto de consagración y convicción en Jesucristo. Ora para que Dios coloque oportunidades en tu camino. Debes estar como Jesús, en los negocios de tu Padre.

«Respondió entonces Jesús, y les dijo: De cierto, de cierto os digo: No puede el Hijo hacer nada por sí mismo, sino lo que ve hacer al Padre; porque todo lo que el Padre hace, también lo hace el Hijo igualmente» (Juan 5:19).

Al mirar a tu alrededor esta semana, pregunta: «Padre, ¿dónde estás obrando? ¿Qué puedo hacer?».

Saca tu termómetro espiritual y desliza una «Pregunta para testificar» en alguna conversación con un amigo. Si disciernes que Dios está obrando, únete a Él y muéstrale a tu amigo los

«Pasajes bíblicos para testificar de Jesús». Pero más allá de la respuesta de tu amigo, no te desalientes si la conversación no lleva a la oración de entrega, porque es imposible fracasar. Recuerda, tener éxito supone comunicar tu fe y vivir para Jesucristo. No tiene nada que ver con llevar a alguien al Señor.

Supera el temor

Quizás digas en tu mente y tu corazón: «Temo hablar de mi fe».

Está bien. El apóstol Pablo fue a compartir su fe con mucho temor, debilidad y temblor. Pero fue. No puedo prometerte que el temor se irá por completo, pero será más fácil. Te prometo que tu fe en Dios aumentará a medida que compartas tu fe.

Recuerdo cuando sorprendí a Wendy, una maravillosa vecina cristiana sumamente tímida. Siempre paseaba a su bebé por el vecindario en un cochecito. Un día, pasaba por mi casa y le dije:

—Tengo entendido que eres cristiana.

—Ajá.

—¿A qué iglesia asistes? —pregunté.

Cuando me lo dijo, me volví y llamé a Paul que arreglaba las canaletas de lluvia en mi techo.

—Paul, quiero que conozcas a alguien.

El muchacho bajó por la escalera y esperó atentamente. Anuncié:

—Paul, Wendy te contará sobre su fe y te dirá cómo conoció a Jesucristo —Y me fui. Los ojos de Wendy estaban abiertos como platos, pero, aun bajo presión, confió en Dios y comunicó su fe, y Paul vino al Señor.

Dios es soberano, y el infierno no prevalecerá contra ti. No hay forma de estropearlo. Dios quiere enseñarte que puede obrar a través de tu vida a pesar de tu personalidad, tu falta de dones espirituales o talentos. Y es que el entrenador Dave Nicholl no es el único a quien Dios quiere usar. No hay cristianos insignificantes, porque el Espíritu Santo mora en todos nosotros. Espero que esta semana, como durante el resto de tu vida, camines a la expectativa de lo que Dios hará. Ora constantemente: «Dios, ¿estás obrando aquí, allá?».

Así como el aparentemente insignificante vendedor de zapatos que llevó al evangelista D. L. Moody a Cristo, ¿no será emocionante que Dios te use para Su gloria?

Que el entusiasmo te contagie

Un oficial de policía me llamó por un banquete de reconocimiento donde yo tenía que dar una bendición la noche siguiente. Le dije a Will:

—Vamos a almorzar hoy.

—No puedo. Tengo que ir a ver a Jeannie. ¿Te acuerdas de ella? Recibirá un premio mañana.

—¿La mujer que quedó paralizada cuando le dispararon al intentar proteger a un hombre en una parada de autobús?

—Esa misma.

—Pero Will, su premio es solo temporal. ¿Qué harás para darle un premio que dure para siempre?

La respuesta de Will fue inmediata.

—Encontrémonos en la estación de servicio.

Me encontré con él y me llevó al departamento de una habitación de Jeannie.

Dios tiene el control. Justo en ese momento se iban su hermano y su fisioterapeuta. La teníamos toda para nosotros. Miré el rostro sonriente de Jeannie y le dije:

—Soy el capellán Bill Fay, y vine a hacerle algunas preguntas. ¿Asiste a alguna iglesia?

—Sí, soy bautista pero no salva.

—¿Cómo es eso?

—Fumo cigarrillos.

Le hice las preguntas y le mostré los pasajes bíblicos; luego tomé su mano mientras ella oraba para recibir a Cristo.

Escuchaba cómo Will caminaba por su departamento. Tenía las manos en alto, y con el dedo señalaba a Dios. Exclamó: «¡Dios siempre es bueno! ¡Siempre es bueno Dios!».

Al día siguiente, en el banquete de reconocimiento, Jeannie dijo: «Acepto este premio en nombre de Jesucristo, que salvó mi vida y me dio vida eterna».

Miré atrás y vi a Will que se levantaba y comenzaba a caminar otra vez, diciendo: «¡Dios es siempre bueno! ¡Siempre es bueno Dios!».

Si quieres comenzar a experimentar el gozo y la emoción que Will descubrió, empieza a compartir tu fe.

Revisión

Herramientas opcionales para la conversación
Revisa la lista completa del apéndice 1.

Las cinco preguntas para testificar de Jesús

Estas preguntas canalizan la conversación. Puedes comenzar por cualquier parte de la lista, como te sientas guiado, o pasar directamente a los «Pasajes bíblicos para testificar de Jesús».

1. ¿Tienes alguna clase de creencia espiritual?
2. Para ti, ¿quién es Jesús?
3. ¿Crees que existe el cielo o el infierno?
4. Si murieras, ¿adónde irías? Si es al cielo, ¿por qué?
5. Si lo que crees no fuera verdad, ¿te gustaría saberlo?

En este momento, puedes preguntar: «¿Puedo mostrarte algunos pasajes bíblicos?». Si la respuesta es afirmativa, abre la Biblia para la próxima fase. Si es negativa, no hagas nada. Pero recuerda que no has fracasado. Obedeciste al compartir el evangelio, y el resultado le pertenece a Dios.

Nota: Esta, como otras fases de la «Presentación para testificar», se hallan abreviadas en los apéndices 1 y 2, para una rápida referencia.

Capítulo 5

EL PODER
DE LA
ESCRITURA

Hasta aquí has aprendido que no puedes fracasar si obedeces en compartir tu fe, y ya conoces las preguntas para iniciar conversaciones. Las respuestas te ayudarán a determinar si Dios está obrando en la vida de tu receptor. Además, al preguntar: «A propósito, si lo que crees no fuera cierto, ¿te gustaría saberlo?», lo más probable es que te permitan pasar al siguiente punto: compartir el poder de la Palabra de Dios.

El poder de la Palabra de Dios

La Palabra de Dios penetra y cambia el corazón con respecto a Su Hijo. Hebreos 4:12 anuncia: «Porque la palabra de Dios es viva y eficaz, y más cortante que toda espada de dos filos; y penetra hasta partir el alma y el espíritu, las coyunturas y los tuétanos, y discierne los pensamientos y las intenciones del corazón».

¿Recuerdas cómo eras antes de ser cristiano? Probablemente, la Biblia no significaba demasiado para ti. Pero, de alguna manera, cuando te convertiste a Cristo te pareció distinta.

Ella no cambió; tú sí. Te transformaste en una nueva criatura. De repente, ella cobró vida con significado sobre la existencia y la eternidad.

La Biblia declara que sin el Espíritu no se comprenden las cosas del Espíritu (1 Cor. 2:14).

Entonces, ¿cómo puedes alcanzar a alguien que no comprende el amor de Dios? *Tú* no puedes. Es tarea del Espíritu Santo. Él se moverá a través de la Palabra de Dios.

Los principios de la Escritura

Cuando compartes la Escritura, actúan dos principios básicos. El primero viene de Romanos 10:17: «La fe es por el oír […] la palabra de Dios».

El segundo surge de Lucas 10:26, que describe lo que le dijo Jesús a un intérprete de la Ley. El Señor le preguntó: «¿Cómo la interpretas tú?» (NVI). En otras palabras, su pregunta fue: «¿Qué significa para ti?».

De esta manera, Jesús pudo hablar de la Escritura sin discutir. Qué gran ejemplo… ¡uno que puedes imitar al compartir pasajes de la Biblia!

«¿Qué significa para ti?» es una pregunta. No es una defensa ni un argumento. Solo tienes que escuchar la respuesta de tu amigo. Tu única tarea es pasar las páginas y dejar que Dios obre. El Espíritu Santo ayudará a tu amigo a comprender mejor la sencilla lectura de un pasaje que cualquier explicación o sermón que pudieras predicar.

Una escopeta frente a un revólver de bolsillo

Antes de sacar la Biblia de estudio que usas para tu devocional, la que yo llamo «la escopeta», déjame advertirte algo. Antes de ser creyente me costaba estar con los cristianos, y mucho más con sus escopetas. Quizás, en lugar de lo que el no creyente podría percibir como un cañón, sería mejor sacar un pequeño revólver de bolsillo, del tipo que se esconde hasta que se necesita.

Te sugiero una Biblia de bolsillo, como el Nuevo Testamento de Broadman & Holman, *Testifique de Cristo sin temor*, que incluye mis notas. Esta Biblia es lo suficientemente pequeña para llevarla en el bolsillo o en el bolso, y parece una chequera o una agenda.

Tu compromiso

La Biblia representa tu compromiso. Al llevarla contigo expresas que vives con la expectativa de que Dios se moverá en tu vida.

¿Olvidaste alguna vez la billetera sobre la cómoda, o el bolso en el auto? Sientes que te falta algo. Así debería ser cuando olvidas tu Biblia o Nuevo Testamento para testificar. Tendría que ser parte de ti, y que te sientas perdido si no lo llevas contigo.

Objeciones a la Biblia

Cuando abres la Palabra, puedes enfrentarte a dos objeciones. Te pueden decir que la Biblia tiene:

- Demasiados errores.

Esto puede responderse con una frase sencilla:

Amigo: La Biblia tiene muchos errores.

Tú: *(No te pierdas en vericuetos. En cambio, con todo el amor que puedas reunir, entrégale la Biblia a tu amigo.)* ¿Me mostrarías uno?

Amigo: Bueno, no puedo.

Tú: Yo tampoco. Vayamos a Romanos 3:23.

- Demasiadas traducciones.

Cuando alguien me replica: «La Biblia tiene demasiadas traducciones», le contesto con lo que aprendí en mi seminario de Denver: una respuesta que me costó unos 15.000 dólares, ¡así que no te la pierdas! A esta afirmación respondo con un simple «Sí».

Verás, el no creyente cree que te ha «atrapado». Cuando le comentas: «¿Sabes que tienes toda la razón? Hay muchas traducciones de la Escritura. ¿Pero sabías que todas declaran lo mismo?». El no creyente responde: «¡No, no lo sabía!». Luego, sigues: «Vayamos a Romanos 3:23».

Examinemos la Escritura un momento. Durante 2000 años, hombres y mujeres han estudiado este libro para probar su veracidad. ¿No es interesante que nadie haya encontrado un error jamás? Piénsalo de la siguiente manera: si tu Padre celestial no pudiera escribir un libro sin errores comprobados, ¿cómo podrías esperar que te sacara de la tumba?

Es más, creo que si alguien encontrara un error genuino en los manuscritos, mi fe habría sido en vano. No importa cómo la examines: del punto de vista histórico, profético o arqueológico, no se ha encontrado una falla. Dios afirmó que ni una jota ni una tilde provinieron de voluntad humana. El hombre no escribió ni creó la Biblia. En cambio, fue inspirado y llevado por el poder del Espíritu Santo para plasmar la Palabra infalible de Dios. (Esta y otras objeciones, junto con sus respuestas, pueden encontrarse en el capítulo 8 y en el apéndice 3.)

Pasajes para compartir

El segundo paso para testificar de Jesús sin temor es permitir que la Biblia hable. Dios usa la Escritura para cambiar vidas. Proporciona una serie de pasajes bíblicos y pide a tu amigo que lea en voz alta:

1. Romanos 3:23

2. Romanos 6:23

3. Juan 3:3

4. Juan 14:6

5. Romanos 10:9-11

6. 2 Corintios 5:15

7. Apocalipsis 3:20

Instrucciones para compartir pasajes bíblicos

Quizás pienses: «Oh-oh, jamás recordaré todos estos versículos». No hace falta. Te proporciono una estrategia de ayuda a tu memoria. Subraya en tu Biblia los pasajes que les pedirás a tus amigos que lean, y anota la página o referencia del próximo pasaje en el margen. Lo mejor es usar una Biblia «nueva», sin marcas. Esto le ayudará a tu amigo a conservar el rumbo y no distraerse por anotaciones no relacionadas con la presentación. (En el apéndice 2 encontrarás indicaciones de cómo marcar tu Biblia para testificar).

Cómo usar los pasajes para testificar

Este paso es facilísimo. Ofrécele la Biblia a tu amigo y dile:

Tú: Lee esto en voz alta.

Amigo: *(Lee el pasaje en voz alta.)*

Tú: ¿Qué significa para ti?

Amigo: *(Responde correctamente.)*

Tú: *(Pasas al siguiente pasaje.)* Lee esto en voz alta.

La persona no podrá decir: «Es una interpretación», porque ella misma leyó e interpretó el pasaje. El Espíritu Santo se ocupa de convencer, tú no. Lo único que te corresponde es pasar las páginas con un objetivo: no interferir en la obra de Dios.

Lee en voz alta

¿Por qué hice leer a mi amigo en voz alta? Porque la fe viene por el oír.

Al leer las Escrituras en voz alta, te sorprenderá lo pronto que se convencen de su necesidad de confiar en Jesús como Señor y Salvador. Observa cómo Dios obra mientras tú guías a otros a leer estos pasajes.

Un guión para compartir los pasajes bíblicos

Para mostrarte cómo utilizar esta técnica, te proporciono una especie de «guión» para cada pasaje. No dejes que te intimide. Su objetivo es mostrarte la sencillez de este proceso, al decirle a tu amigo:

1. «Lee este pasaje en voz alta», *y*
2. «¿Qué significa para ti?».

Este guión es así de sencillo, sin mucho material para memorizar.

Ante una respuesta positiva a la pregunta: «A propósito, si lo que crees no fuera verdad, ¿te gustaría saberlo?», es hora de sacar tu Biblia/Nuevo Testamento para testificar en Romanos 3:23. Entrégale la Biblia abierta a tu amigo.

- **Versículo uno: Romanos 3:23: «Por cuanto todos pecaron».**

Tú:	*(Señala el versículo resaltado en tu Biblia).* Lee esto en voz alta.
Amigo:	*(Lee:)* Por cuanto todos pecaron, y están destituidos de la gloria de Dios.
Tú:	¿Qué significa para ti?
Amigo:	*(Buscas una respuesta como la siguiente:)* Todos pecaron.

Ahora, Romanos 6:23.

Nota: No necesitas definir el pecado, aunque quizás quieras señalar que el estándar divino para la humanidad es la perfección. La mayoría admite rápidamente no conocer a nadie perfecto como Dios. La Biblia afirma que «No hay quien haga lo bueno, no hay ni siquiera uno» (Rom. 3:12). Todos han pecado, por tanto, no reflejan la justicia y la perfección de Dios. Ver la respuesta 24 del capítulo 8 o apéndice 3 si tu amigo no cree ser pecador.

- **Versículo dos: Romanos 6:23: «Porque la paga del pecado es muerte».**

Nota: Romanos 6:23 es importante porque muchos perdidos esperan que actos como el bautismo o la afiliación a una iglesia los llevarán al cielo. Este pasaje permite mostrar al Espíritu Santo la imposibilidad de llegar al cielo sin tener fe en Jesús y rendirle la vida a Él.

Tú:	*(Gira la Biblia para que tu amigo la lea.)* Lee esto en voz alta.
Amigo:	*(Lee:)* Porque la paga del pecado es muerte, mas la dádiva de Dios es vida eterna en Cristo Jesús Señor nuestro.
Tú:	¿Qué significa para ti?
Amigo:	*(Buscas una respuesta como la siguiente:)* El resultado del pecado es la muerte, pero Dios da vida mediante Su Hijo.
Tú:	*(Señala la palabra «pecado», en un círculo.)* ¿Notaste la palabra pecado?
Amigo:	Sí.
Tú:	*(Señálate para mostrar que no te crees por encima del pecado).* Esto nos recuerda que no hay ninguna *s* al final de la palabra. Dios asevera que un solo pecado me envía al infierno.
Tú:	¿Notaste la palabra *muerte*? En la Biblia, suele referirse al infierno.
Tú:	*(Señala la palabra «en».)* Esta palabra nos recuerda que ser cristiano significa tener una *relación* con Jesucristo, no pertenecer a una religión.

Ahora, Juan 3:3.

Me pidieron que hablara con una jovencita, presa por asesinato.

Tras hacerle las cinco «Preguntas para testificar de Jesús», comprobé que nadie le había hablado de Jesús ni del cristianismo. Cuando le pregunté qué significaba Romanos 6:23 para ella, me contestó: «Tengo que pedirle perdón a Dios por todos mis pecados e invitar a Jesucristo a mi corazón». Me sorprendió. ¿Acaso indica eso el versículo? No exactamente. ¿De dónde sacó esa respuesta? El Espíritu Santo.

No dije: «Espera. Tengo cinco versículos más». Nos detuvimos y, allí mismo, invitó a Cristo a su vida para perdón de sus pecados.

Tenemos que ser abiertos.

Mediante el poder de la Escritura, Dios puede revelar la verdad en uno o varios versículos. Limítate a pasar las páginas y formula las preguntas.

- **Versículo tres: Juan 3:3: Hay que nacer «de nuevo».**

Tú:	*(Gira la Biblia para que tu amigo la lea.)* Lee esto en voz alta.
Amigo:	*(Lee:)* Respondió Jesús y le dijo: De cierto, de cierto te digo, que el que no naciere de nuevo, no puede ver el reino de Dios.
Tú:	*(En tu Biblia preparada, señala la cruz dibujada.)* «¿Por qué vino Jesús a morir?» *(La † dibujada te recuerda que en este caso no uses la pregunta: «¿Qué significa para ti?»).*
Amigo:	*(Buscas una respuesta como la siguiente:)* Vino a morir por los pecados.

Ve a Juan 14:6.

- **Versículo cuatro: Juan 14:6: «Yo soy el camino».**

Tú:	*(Gira la Biblia para que tu amigo la lea.)* Lee esto en voz alta.
Amigo:	*(Lee:)* Jesús le dijo: Yo soy el camino, y la verdad, y la vida; nadie viene al Padre, sino por mí.
Tú:	¿Qué significa este versículo para ti?
Amigo:	*(Buscas una respuesta como la siguiente:)* Jesús es el único medio para llegar a Dios.

Pasa a Romanos 10:9-11.

Nota: Juan 14:6 es sumamente claro. No necesita explicación. Aunque tu amigo declare creer en otras maneras de llegar al cielo, Juan 14:6 quedará en su mente.

Quisiera señalar que, mientras compartes los pasajes bíblicos, no tienes que explicar ni desacreditar falsas enseñanzas. La clave para testificar de Jesús sin temor es presentar lo que la Biblia declara y dejarla hablar por sí sola.

- **Versículo cinco: Romanos 10:9-11: «Si confesares».**

Tú:	*(Gira la Biblia para que tu amigo la lea.)* Lee esto en voz alta.
Amigo:	*(Lee:)* Que si confesares con tu boca que Jesús es el Señor, y creyeres en tu corazón que Dios le levantó de los muertos, serás salvo. Porque con el corazón se cree para justicia, pero con la boca se confiesa para salvación. Pues la Escritura asegura: Todo aquel que en él creyere, no será avergonzado.
Tú:	¿Qué significa para ti?
Amigo:	*(Buscas una respuesta como la siguiente:)* Si creo que Dios levantó a Jesús de los muertos, puedo ser salvo.

Nota: Una de las cosas que más les cuesta creer a muchos hoy día es que pueden recibir perdón. Quizás no conozcas los pecados de la persona perdida, pero, sin duda, la mayoría pensará en pecados particulares en ese momento. La persona puede estar pensando en el adulterio, el alcoholismo, el odio hacia un cónyuge o un enemigo, un corazón resentido, la convivencia con una mentira sobre el pasado, o una multitud de pecados agobiantes. Haces tu parte mostrándole a tu amigo la Palabra de Dios. Mediante ella, el Señor derramará Su poder. Si por alguna razón tu amigo no comprende o malinterpreta la Escritura, por favor no lo corrijas. Simplemente pídele: «¡Lee otra vez!».

Recuerda que no pudiste «arreglarte» solo; por tanto, no esperes arreglar a los demás. Por favor, no interfieras en la obra del Espíritu Santo.

Cómo manejar una objeción a Romanos 10:9-11
Algunos pueden decir algo como:

Amigo:	¿Acaso Dios perdonará a quien haya asesinado, mentido, robado, etc.?
Tú:	Vuelve a leer.
Amigo:	*(Vuelve a leer).*
Tú:	¿Qué significa para ti?
Tú:	*(Pídele a tu amigo que relea el pasaje en voz alta hasta comprender con claridad Romanos 10:9-11. Cuando lo haga, pregunta:)* ¿Esto te incluye a ti?

Pasa a 2 Corintios 5:15.

Nota: Recuerda, tu tarea es confiar en que el Espíritu Santo le enseñe a tu amigo la verdad sobre el perdón de Dios. Tu objetivo es que comprenda que Romanos 10:9-11 también lo incluye a él. El Espíritu Santo obrará en el corazón de la persona para ayudarla a comprender el amor incondicional de Dios.

- **Versículo seis: 2 Corintios 5:15:** «Ya no vivan para sí».

Tú:	*(Gira la Biblia para que tu amigo la lea.)* Lee esto en voz alta.
Amigo:	*(Lee:)* Y por todos murió, para que los que viven, ya no vivan para sí, sino para aquel que murió y resucitó por ellos.
Tú:	¿Qué significa para ti?
Amigo:	*(Buscas una respuesta como la siguiente:)* Deberíamos vivir para Cristo.

Ahora, Apocalipsis 3:20.

Nota: Si tu amigo no contesta correctamente, pídele que vuelva a leer en voz alta hasta que comprenda por sí solo. El perdido debe comprender que la salvación (prometida mediante la muerte de Jesús) es para todo aquel que rinde su vida al Señor en fe. Ante la cruz estamos todos al mismo nivel. Cuando nos rendimos a Cristo como Salvador, somos transformados en nuestro interior para nueva vida. Cuando entregamos la vida a Cristo en fe, dejamos de ser esclavos del pecado y de los deseos egoístas. Nuestro corazón se vuelve a Jesús y a Su ejemplo para nuestra vida. El poder del Espíritu Santo libera el corazón cristiano que pasa de estar centrado en sí mismo a ser cristocéntrico, y a estar lleno de amor por los demás.

- **Versículo siete: Apocalipsis 3:20: «Yo estoy a la puerta y llamo».**

Tú:	*(Gira la Biblia para que tu amigo la lea.)* Lee esto en voz alta.
Amigo:	*(Lee:)* He aquí, yo estoy a la puerta y llamo; si alguno oye mi voz y abre la puerta, entraré a él, y cenaré con él, y él conmigo.
Tú:	¿Qué significa para ti?
Amigo:	*(Buscas una respuesta como la siguiente:)* Si le pido a Jesús que venga a mi vida, lo hará.

Nota: Lo importante es que tu amigo comprenda que abrirle el corazón a Jesús es su decisión. Jesús está ansioso por venir a nuestras vidas, pero nunca empuja la puerta.

¡Eso es todo! Has acabado de compartir los pasajes bíblicos. Para una rápida referencia, consulta el apéndice 1 o el resumen al final de este capítulo.

Vuelve a leer

¿Qué sucede cuando alguien no comprende la Escritura? Simplemente sugieres: «Vuelve a leer».

Ahora, veamos si puedo engañarte. Imaginemos que estás compartiendo conmigo el último pasaje, Apocalipsis 3:20. Has girado la Biblia hacia mí, pidiéndome que lea el pasaje.

Bill:	*(Lee:)* He aquí, yo estoy a la puerta y llamo; si alguno oye mi voz y abre la puerta, entraré a él, y cenaré con él, y él conmigo.
Tú:	¿Qué significa para ti?
Bill:	Si Jesús abre la puerta, está entrando.

Espero que lo hayas captado. Mi respuesta es incorrecta. Jesús nunca entra sin invitación. No va adonde no lo llaman. Si lo captaste, me alegro. Si no, piensa en lo bueno que es decir: «Vuelve a leer».

Una vez un pastor me llamó a las dos de la mañana, porque no quería lidiar con un adolescente borracho. Recuerdo la llamada de Todd. Estaba tan borracho que vomitó en el teléfono y se cayó de la cama gritando. Sin embargo, accedió a juntarse conmigo al día siguiente. Pensé que solo el Espíritu Santo podría ayudarlo a recordar nuestra conversación. Llevé conmigo a Frank Armenta, un amigo que consumió heroína durante 28 años antes de encontrar a Jesucristo. No lo llevé por su experiencia turbulenta, ¡sino porque era el muchacho más grande que conocía! Cuando llegamos al restaurante, me di cuenta de que nunca había visto a Todd. Supuse que si estaba tan borracho la noche anterior, podría localizarlo. Como era de esperar, apareció un chico con cara de muerto. Lo miré y le pregunté: «¿Eres Todd?».

Asintió, y pude ver lágrimas en sus ojos.

Le dije a Frank: «Vayámonos de aquí». Hacía calor, así que nos subimos a mi automóvil y bajamos las ventanillas. Nos fuimos en busca de un lugar más fresco. Casualmente, paramos a la sombra de un árbol frente a la cárcel del condado de Denver.

Frank oraba mientras yo pedía a Todd que leyera Romanos 10:9-11 en voz alta.

Leyó: «Si confesares con tu boca que Jesús es el Señor, y creyeres en tu corazón que Dios le levantó de los muertos, serás salvo. Porque con el corazón se cree para justicia, pero con la boca se confiesa para salvación. Pues la Escritura promete: Todo aquel que en él creyere, no será avergonzado».

Le pregunté: «¿Qué significa para ti?».

De repente, otra voz (una voz demoníaca) salió de Todd y dijo: «No puede salvarlo».

Se me puso la piel de gallina. Ignoré la voz y le pedí al muchacho: «Vuelve a leer». Después de todo, no voy a ponerme a discutir con un demonio. Que Dios defienda Su Palabra como ha hecho desde la eternidad.

Todd volvió a leer en voz alta, y la voz se tornó más perversa. «No puede salvarlo a él ni a nadie más».

Repetimos el proceso entre diez y doce veces antes de que la Palabra de Dios penetrara. Al hacerlo, el espíritu inmundo salió de Todd con un horrible chillido.

El muchacho comenzó a llorar en el auto, quebrantado por su pecado. De repente, levantó las manos para alabar a Dios. Durante diez minutos, estuvo llorando y alabando a Dios. ¿Alguna vez se te cruzó un pensamiento tonto salido de la nada? Tras unos diez minutos de observar cómo Todd lloraba por sus pecados y alababa a Dios, recuerdo que tuve este pensamiento necio: *¿Qué hago si viene un policía?*

Como detestaba sentirme solo en mi estupidez, interrumpí la oración de Frank con un golpecito en su rodilla y le pregunté: «¿Alguna vez viste algo como esto?».

«Sí», me contestó. «En mi propia conversión».

Nos reímos juntos y alabamos a Dios. La buena noticia es que diez años más tarde, Todd sigue activo en la iglesia, libre del poder de las tinieblas y todo gracias a la Palabra de Dios.

Otra vez, estaba sentado con una jovencita llamada Sharon. Abrí la Palabra en Romanos 3:23 y le pedí: «¿Leerías este pasaje en voz alta?» Lo hizo. Le pregunté:

—¿Qué significa para ti?

—No lo creo.

—Vuelve a leer —repliqué.

Lo hizo. Le pregunté:

—¿Qué expresa?

—No creo que exista el pecado.

—Vuelve a leer—. Eso hizo.

Le pregunté:

—¿Qué dice?

—No creo en el pecado.

—Vuelve a leer.

Lo hizo.

—¿Qué afirma? —pregunté.

—Bueno, que todos pecamos, ¿no?

Sonreí porque la Palabra de Dios había obrado, y contesté:

—Sí. ¿Eso te incluye a ti?

—Sí.

Siguió leyendo los pasajes, y luego entregó su vida a Jesucristo. Nunca olvidaré la imagen de ella llorando por haber recibido el perdón. ¡Dios es bueno!

Resumen

A continuación, tienes un resumen de los pasajes para compartir con tus amigos y tu familia. Recuerda, pídeles que lean los versículos en voz alta, y luego pregunta: «¿Qué significa para ti?».

1. Romanos 3:23: «Todos pecaron».

«Por cuanto todos pecaron, y están destituidos de la gloria de Dios».

¿Qué significa para ti?

2. Romanos 6:23: «La paga del pecado es muerte».

«Porque la paga del pecado es muerte, mas la dádiva de Dios es vida eterna en Cristo Jesús Señor nuestro».

¿Qué significa para ti?

3. Juan 3:3: Hay que nacer «de nuevo».

«Respondió Jesús y le dijo: De cierto, de cierto te digo, que el que no naciere de nuevo, no puede ver el reino de Dios».

¿Por qué vino Jesús a morir?

4. Juan 14:6: «Yo soy el camino».

«Jesús le dijo: Yo soy el camino, y la verdad, y la vida; nadie viene al Padre, sino por mí».

¿Qué significa para ti?

5. Romanos 10:9-11: «Si confesares».

«Que si confesares con tu boca que Jesús es el Señor, y creyeres en tu corazón que Dios le levantó de los muertos, serás salvo. Porque con el corazón se cree para justicia, pero con la boca se confiesa para salvación. Pues la Escritura asegura: Todo aquel que en él creyere, no será avergonzado».

¿Qué significa para ti?

6. 2 Corintios 5:15: «Ya no vivan para sí».

«Y por todos murió, para que los que viven, ya no vivan para sí, sino para aquel que murió y resucitó por ellos».

¿Qué significa para ti?

7. Apocalipsis 3:20: «Yo estoy a la puerta y llamo».

«He aquí, yo estoy a la puerta y llamo; si alguno oye mi voz y abre la puerta, entraré a él, y cenaré con él, y él conmigo».

¿Qué significa para ti?

El momento de la decisión

Ya has visto obrar el poder de Dios a través de su Escritura. Es hora de ayudar a tu amigo a decidir qué hará con respecto a Dios.

Capítulo 6

LLEVA
A LA
DECISIÓN

Una noche, tras enseñar en un seminario, un caballero se me acercó a agradecerme por la velada.

Le pregunté:

—¿Ya conoce a Cristo?

—Todavía estoy intentando encontrarlo —respondió Glen.

—Cuénteme un poco sobre usted —le pedí.

—Soy ingeniero, y mi matrimonio está en crisis —suspiró— Tengo muchas preguntas sobre la fe.

—Hagamos un chequeo espiritual y veamos dónde está el problema. ¿Es usted un pecador?

—Sí.

—¿Quiere perdón para sus pecados?

—Sí.

—¿Cree que Jesús murió en la cruz y resucitó?

Sacudió la cabeza.

—No lo sé.

—Glen, si pudieras estar seguro de que Jesús murió y resucitó, ¿quisieras el perdón de tus pecados?

Asintió solemnemente.

—Hablemos de la resurrección. Dios se aseguró de que la historia demostrara la realidad de Jesucristo. Glen, ¿estarías dispuesto a pedirle a Dios que te ayude a creer?

—Sí, estoy dispuesto.

Puse mi mano sobre su hombro.

—Dios escuchará lo que hay en tu corazón. Oremos con sencillez y dejemos que Dios se mueva —sugerí.

Inclinamos la cabeza, y Glen repitió después de mí: «Soy pecador. Quiero el perdón de todos mis pecados, quiero creer que Jesús murió en la cruz por mi pecado. Ayúdame a creer. Padre, si esto es verdad, ayúdame con mi matrimonio. Quiero entregar mi vida a Jesús».

Glen levantó la mirada. Le brillaron los ojos de alegría.

—Es verdad —confesó por primera vez—, ¡Lo creo!

—Glen, ¿dónde está Jesús? —pregunté.

Me sonrió.

—En mi corazón.

—¿Tu esposa está aquí?

—Sí, iré a buscarla.

Cuando vino Renee, nos enteramos de que acababa de entregarle el corazón a Cristo en la reunión. Luego, encontramos a su hija de doce años, Theresa, con los ojos llenos de lágrimas.

—¿Qué sucede? —pregunté.

Theresa comenzó a llorar.

—No sé si debería vivir con mi papá en Oklahoma o con mi mamá y mi padrastro aquí.

—Theresa, ¿puedes ver el futuro?

—No —susurró.

—Conozco a alguien que puede. ¿Sabes quién?

Levantó la mirada.

—¿Jesús?

—¿Alguna vez te encontraste con Él?

—No, pero esta noche escuché el evangelio. ¿Cómo se recibe a Jesús?

Con gozo, la llevé con su mamá y su papá, que hablaban con

el pastor, y les dije: «Su hija está lista para empezar con ustedes una relación con Jesucristo». Poco después, Theresa oró para recibir a Jesús como su Señor.

Cuando te dedicas a compartir tu fe, quizás no solo se restaure una vida, sino una familia, un pueblo, un estado o una nación. La pregunta es: ¿quieres ese privilegio?

Esta familia me siguió fuera de la iglesia, dándome las gracias. Pero soy yo quien da gracias a Dios, por el increíble privilegio de que me use de esta manera.

La opción

Sin duda debemos buscar la oportunidad de presentar el evangelio a los demás, aunque seríamos negligentes si no les diéramos la opción de recibir vida o muerte. Mi coautora, Linda, descubrió la verdad de este concepto en una concurrida playa en Galveston, Texas, cuando era adolescente. Relata:

Tenía 16 años y estaba en la escollera con mi grupo de jóvenes para testificar de nuestra fe. Estaba nerviosa, pero mi ansiedad se calmó enseguida con el sonido de las olas que acariciaban la playa abajo y con el cielo azul que se extendía arriba. Mientras repartía folletos sobre el evangelio, pasé por una tienda que vendía conchas marinas. Mi compañera Stephanie y yo descubrimos a dos colaboradoras escondidas.

—¿Qué sucede? —les pregunté.

Carol luchó por contener las lágrimas.

—Estábamos entregando folletos y nos encontramos con un hombre que nos hizo una pregunta que no pudimos responder.

—¿Qué preguntó? —inquirí.

—Quería saber si Dios es tan grande como para construir una pared tan fuerte que ni siquiera Él pudiera romper. Y luego preguntó cómo siendo Dios tan grande no podía romperla.

—¡Ah! —respondí, desinflada como un globo pinchado. Volví el rostro a la brisa salada, y me pregunté si se trataría de una trampa o si mi fe era defectuosa.

Entonces, el Salmo 69:32 se deslizó en mi mente: «Buscad a Dios, y vivirá vuestro corazón».

—¡Ya sé la respuesta! —exclamé—. Dios ya creó una pared como esa. Es el corazón humano.

Aunque tiene el poder para hacerlo, nunca rompe la pared para atravesarla. Solo entra si lo llaman.

Dios es un caballero; nunca nos obliga a amarlo ni a servirlo. Josué hizo el mismo descubrimiento. Unos 1400 años antes del nacimiento de Cristo fue llamado a guiar a las tribus de Israel a través del río Jordán para entrar a la tierra que Dios les había dado. Más adelante, al reunir a todas las tribus delante de Dios, recordó al pueblo cómo el Señor había sacado a sus antepasados de Egipto y los había librado de las naciones enemigas. Declaró: «Ahora, pues, temed a Jehová, y servidle con integridad y en verdad [...]. Y si mal os parece servir a Jehová, escogeos hoy a quién sirváis [...], pero yo y mi casa serviremos a Jehová» (Jos. 24:14-15).

Como en la época de Josué, Dios aún ofrece Su amor y la oportunidad de servirlo, pero no obliga a nadie. Quizás recuerdes que Dios ya había ofrecido antes la tierra del otro lado del Jordán a las tribus de Israel. Rechazaron esta bendición por temor a quienes vivían allí. Como consecuencia, vagaron en el desierto durante 40 años, hasta que Josué los guió por fin a la victoria. Está claro. Recibir la bendición de Dios y servirlo es nuestra elección.

Al examinar el ministerio de Jesús en la Tierra, vemos que siempre ofreció una opción. Por ejemplo, preguntó al paralítico del estanque de Betesda si quería sanarse. Imagínate, ese hombre llevaba 38 años inválido. Se sentaba en su lecho, junto al estanque de la puerta de las ovejas, rodeado de enfermos y cojos. Todos esperaban llegar primero al estanque cuando el ángel del Señor agitara las aguas con sanidad. Sin embargo, Jesús no dio nada por sentado.

«Le dijo: ¿Quieres ser sano? Señor, le respondió el enfermo, no tengo quien me meta en el estanque cuando se agita el agua; y entre tanto que yo voy, otro desciende antes que yo. Jesús le dijo: Levántate, toma tu lecho, y anda. Y al instante aquel hombre fue sanado, y tomó su lecho, y anduvo» (Juan 5:6-9).

¿No es interesante que Jesús no obligara al paralítico a recibir restauración? Es más, nunca obligó a nadie a recibir sanidad o amor. Así que para nacer de nuevo se necesita algo más que escuchar el evangelio. Hay que tomar una decisión sobre lo escuchado.

¿No sería horrible mostrarle a alguien el amor de Dios sin darle la opción de recibirlo? A D. L. Moody le pasó una vez, y esto lo atormentó el resto de su vida.

«El 8 de abril de 1871, la noche del gran incendio de Chicago, no le pidió a una audiencia que recibiera a Cristo como Salvador. Aquella noche, Moody habló frente a su mayor audiencia en Chicago. El tema fue: "¿Entonces qué debo hacer con Jesús, a quien llaman el Cristo?". Al concluir, pidió a los oyentes que consideraran la respuesta y se la comunicaran el domingo siguiente, al regresar. Pero no regresaron. Apenas se levantaron, las alarmas de incendio comenzaron a sonar, el edificio se quemó y la congregación se dispersó».[1]

Moody siempre se preguntó cuántas de aquellas personas habrían abrazado la fe antes de deslizarse a la eternidad.

Tenemos que ofrecer la opción de decidir. Te sorprenderá lo fácil que será compartir tu fe, decir: «A propósito, si lo que crees no fuera verdad, ¿te gustaría saberlo?». Cuando recibes una respuesta afirmativa, puedes guiar a tu amigo a leer los pasajes bíblicos en voz alta y preguntarle: «¿Qué significa para ti?».

Imaginemos que tu amigo ha leído los siete «Pasajes bíblicos para testificar de Jesús» y ha respondido al último versículo, Apocalipsis 3:20: «He aquí, yo estoy a la puerta y llamo; si alguno oye mi voz y abre la puerta, entraré a él, y cenaré con él, y él conmigo».

Una vez leído en voz alta este último pasaje, toca hacer cinco preguntas más. Si no usas un Nuevo Testamento *Testifique de Cristo sin temor*, quizás quieras copiar estas «Preguntas de compromiso» en la hoja de guarda de tu Biblia:

1. ¿Eres un pecador?
2. ¿Quieres perdón para tus pecados?
3. ¿Crees que Jesús murió en la cruz por ti y resucitó?
4. ¿Estás dispuesto a rendirle tu vida a Jesucristo?
5. ¿Estás listo para invitar a Jesús a tu vida y a tu corazón?

A continuación, nos explayaremos sobre estas preguntas.

1. ¿Eres un pecador?

Esta pregunta se basa en el primer pasaje de lectura en voz alta, Romanos 3:23: «Todos pecaron». Los «Pasajes para testificar de Jesús» preparan el corazón del oyente para las «Preguntas de compromiso» que seguirán.

Luego, pregunta:

2. ¿Quieres perdón para tus pecados?

En Romanos 6:23 ya señalamos que la paga del pecado es la muerte. Por tanto, tu amigo debería saber por qué necesita el perdón. Es su decisión. Tiene la opción de recibirlo o no.

3. ¿Crees que Jesús murió en la cruz por ti y resucitó?

Es un elemento clave en la decisión de la persona, porque la cruz es fundamental para el evangelio. Como tu amigo leyó en Romanos 10:9-11, con el corazón se cree para justicia, pero con la boca se confiesa para salvación.

4. ¿Estás dispuesto a rendirle tu vida a Jesucristo?

Es una pregunta sumamente importante. Siempre me preocupa llevar a alguien a hasta esa decisión antes de que comprenda la necesidad de considerar el precio. Jesús siempre alentó a las personas a estimar el costo. En Lucas 14:27-28, dijo: «Y el que no lleva su cruz y viene en pos de mí, no puede ser mi discípulo. Porque ¿quién de vosotros, queriendo edificar una torre, no se sienta primero y calcula los gastos, a ver si tiene lo que necesita para acabarla?». También en Mateo 19, donde cuenta la historia del joven rico:

> «Maestro bueno, ¿qué bien haré para tener la vida eterna?
> El le dijo: ¿Por qué me llamas bueno? Ninguno hay bueno sino uno: Dios. Mas si quieres entrar en la vida, guarda los mandamientos.

Le dijo: ¿Cuáles? Y Jesús dijo: No matarás. No adulterarás. No hurtarás. No dirás falso testimonio. Honra a tu padre y a tu madre; y, Amarás a tu prójimo como a ti mismo.

El joven le dijo: Todo esto lo he guardado desde mi juventud. ¿Qué más me falta?

Jesús le dijo: Si quieres ser perfecto, anda, vende lo que tienes, y dalo a los pobres, y tendrás tesoro en el cielo; y ven y sígueme.

Oyendo el joven esta palabra, se fue triste, porque tenía muchas posesiones» (Mat. 19:16-22).

Al presenciar este suceso, los discípulos de Jesús se sintieron desalentados y preguntaron: «¿Quién, pues, podrá ser salvo?».

Jesús les recordó: «Lo que es imposible para los hombres, es posible para Dios» (Luc. 18:27).

Por fortuna, *sí* es posible para Dios, sino todos estaríamos perdidos. Qué bueno que Jesús nos perdone mediante *Su* perfección, y no la nuestra. Aun así, tenemos que asegurarnos de que nuestros amigos y familiares sepan que escogieron recibir el amor de Dios, y han de servirlo voluntariamente. No debemos conducir a nuestros amigos a una fe fácil que no cambia el corazón ni la vida.

5. ¿Estás listo para invitar a Jesús a tu vida y a tu corazón?

En Juan 1:12, la Palabra asevera: «Mas a todos los que le recibieron, a los que creen en su nombre, les dio potestad de ser hechos hijos de Dios».

Tenemos que invitar, recibir, aceptar a Jesús en nuestro corazón.

Silencio, por favor

Te daré un par de principios fundamentales. Fíjate en la pregunta 5: «¿Estás listo para invitar a Jesús a tu vida y a tu corazón?».

Al formularla quiero que pienses en las palabras *silencio y oración*. Con el mayor tacto posible, quiero alentarte a que cambies la palabra *silencio* por *cállate*. Es una expresión un tanto desagradable y de mal gusto que asevera algo importante. Cuando hagas la pregunta 5 te pido, en amor, ¡*por favor*, cállate!.

Debes comprender la dinámica en acción. El Espíritu Santo está obrando en ese corazón. Los ángeles te alientan. La Palabra de Dios presiona la esencia misma de esa persona. Tú, amigo mío, debes permanecer en absoluto silencio. Para quien está bajo la convicción del poder del Espíritu Santo, diez segundos de silencio parecen diez minutos. He visto perlas de sudor en las frentes mientras espero. Pero la batalla no es con nosotros, sino con Dios y con Su Palabra. Mi tarea, como la tuya, es sencillamente tomar las páginas de la Escritura, hacer que alguien las lea en voz alta, y preguntar: «¿Qué significa para ti?». Pronto, podrás preguntar: «¿Estás listo para invitar a Jesús a tu vida y a tu corazón?».

Cuando hagas esta última pregunta, permanece en silencio.

No puedo enfatizar suficiente la importancia de la oración en este momento. Podría ser el momento cumbre de la guerra espiritual. Satanás detesta lo que está a punto de suceder. Ora según te sientas guiado. A menudo, observo a la persona que batalla con Dios y mentalmente pido al Señor que tenga misericordia. Oro para que Satanás sea atado, pero no abro la boca hasta que mi amigo perdido rompe el silencio.

Hace varios años le enseñé este principio a un grupo de jóvenes. Más tarde, estaba viendo un partido de fútbol americano, cuando uno de ellos me llamó por teléfono. Frank me informó con entusiasmo:

—Bill, rompí tu marca.

—¿De qué estás hablando? —pregunté, con los ojos todavía clavados en John Elway, que se acercaba a la portería.

—Dijiste que lo máximo que has esperado fueron diez minutos. Hablé con una chica, y esperé en silencio 45 minutos. Me sudaban los pies, y comencé a quedarme sin tema de oración.

Ahora sí captó mi atención. Volví la espalda al televisor.

—¿Qué sucedió?

—¡Aceptó a Cristo, por supuesto!

¿Cuánto estás dispuesto a esperar? La pregunta 5 solo tiene dos respuestas posibles: Sí o no.

Cuando el «sí» proviene del corazón, en ese preciso momento la persona nace de nuevo. No cuando hace la oración de entrega, camina por el pasillo o cumple con un ritual, sino al depositar su fe y su confianza en la obra y la persona de Jesucristo. Por supuesto, la guío a hacer la oración de entrega. ¡Es el postre!

Puedes ayudar a tu ser querido a realizar una oración similar a esta: «Padre celestial, he pecado contra ti. Quiero que me perdones por todos mis pecados. Creo que Jesús murió en la cruz por mí y resucitó. Padre, te entrego mi vida para que hagas con ella lo que quieras. Quiero que Jesucristo venga a mi vida y a mi corazón. En el nombre de Jesús. Amén».

¡Qué momento! El gozo fluye, los ángeles cantan, y tu corazón se regocija en la bondad de Dios. Quisieras saltar y hacer volteretas.

¿Pero, y si este momento tiene otro resultado? ¿Y si tu amigo se niega? ¿Cómo afrontas esta respuesta?

El principio del «¿por qué?»

Cuando me contestan «no» a la pregunta 5, replico: «¿Por qué?». En el capítulo siguiente, volveremos a hablar de este principio y de otras maneras de manejar las objeciones a la pregunta 5: «¿Estás listo para invitar a Jesús a tu vida y a tu corazón?».

Acepta lo inesperado

Tenemos buenas intenciones. Queremos detenernos y alcanzar a los demás, pero la vida nos enreda. Tropezamos con las mismas bendiciones que Dios nos dio: la familia, los pasatiempos, el trabajo, y la iglesia nos colocan a toda velocidad en el carril rápido. Nos distanciamos tanto que no percibimos cuando el Espíritu Santo realiza lo inesperado.

Jesús no se inmuta cuando no sacamos tiempo para seguir Sus instrucciones. Tenemos que prestar atención a quienes Él pone en nuestro camino.

Puedes decir: «Pero no comprendes, voy tan atrasado que no tengo tiempo para dedicar mi vida a compartir el evangelio con nadie».

En mi opinión, en lo referente a la obra de Dios, no existen las interrupciones. Solo hay oportunidades divinas. No necesitas preocuparte por mantener la velocidad. Cuando Dios te entrega algo inesperado, te da todo el tiempo necesario. Además, hablar de tu fe no tiene por qué llevar demasiado tiempo. ¿Sabías que puedes comunicar tu fe en 30 segundos o menos?

Se logra mediante las cinco «Preguntas de compromiso». Lo puse en práctica por primera vez hace varios años. Una noche, ya tarde, circulaba en auto por una calle oscura. Al doblar la esquina vi varios coches patrulla con las luces superiores intermitentes. Entonces, vi un pequeño Volkswagen Beetle destrozado contra un árbol. Divisé las «mandíbulas neumáticas» recién utilizadas para sacar a un muchacho de 19 años del auto estrellado. Estaba acostado en una camilla con intravenosas en los brazos, mientras los paramédicos intentaban salvarle la vida.

Estacioné, salí del auto, y me abrí paso hacia el muchacho. Pero tenía un problema: estaban a punto de llevarse al chico al hospital en un helicóptero. Disponía de 30 segundos para hablarle del evangelio de Jesucristo. Además, el muchacho no podía hablar; solo gemía.

Me arrodillé junto a su cabeza y susurré:

—¿Eres pecador?

—Ahhhh.

—¿Quieres perdón para tus pecados?

—Ahhhh.

—¿Crees que Jesucristo murió en la cruz por ti y resucitó?

—Ahhhh.

—¿Estás dispuesto a rendirle tu vida?

—Ahhhh.

—¿Estás listo para invitar a Jesús a tu vida y a tu corazón?

—Ahhhh.

Bueno, si ese gemido salió del corazón del muchacho, fue salvo. El evangelio es tan sencillo que solo hacen falta unos segundos para comunicarlo.

Al día siguiente, leí en el periódico que el chico había fallecido. Pero una cosa sé: Dios lo amó lo suficiente para darle la oportunidad, en el último momento, de recibir a Su Hijo Jesucristo. Si lo hizo, está caminando por las calles de oro diciendo: «¡Vaya, estuvo cerca!».

Pero no acaba aquí la historia. Siete años después impartí un seminario en una iglesia pequeña y conté esta historia. Al finalizar, una mujer con aspecto de abuela se me acercó. Se aclaró la garganta y preguntó con suavidad: «¿Era un Volkswagen Beetle *verde*?».

Nadie más sabía ese detalle además del Señor y yo. Le contesté: «Sí, señora. ¿Cómo lo sabe?».

Con lágrimas en los ojos, susurró: «Ese era mi nieto».

Dios la amó tanto que le hizo saber que su nieto tuvo una última oportunidad para acercarse a Él. Así que, considerando de nuevo esta historia, ¿el accidente automovilístico fue una interrupción para mi vida o una oportunidad divina? Quizás te ayude a contemplar tus propias interrupciones bajo otro prisma.

Keita Andrews es un hombre que permite a Dios usar las interrupciones de la vida como oportunidades. Una mañana, a las 4:30, me reuní en un restaurante de comida rápida con él y otros choferes de correo, y les enseñé a compartir la fe.

Keita me llamó una semana más tarde para comentarme sobre todos los que había llevado a Cristo. Casi volaba. Le costaba recuperar el aliento mientras me contaba una historia tras otra de cómo había llevado personas al Señor en parques, tiendas, en todas partes.

Le dije: «Tenemos que vernos».

Lo hicimos y me cautivó por completo; nos hicimos grandes amigos. Un día, la vida de Keita se interrumpió. Al saltar de su camión de trabajo, se le venció la rodilla. Más tarde, tras una cirugía importante, me llamó y me preguntó: «¿Sabes de algún ministerio que te pague por compartir la fe?».

Me reí y contesté: «Si lo conociera, yo mismo formaría parte de él, Keita».

Esa noche, cuando mi esposa volvió a casa de su trabajo como enfermera en una clínica de un barrio marginal, mencionó que buscaban capellán.

De inmediato llamé a la junta directiva y les conté sobre Keita. Obtuvo el trabajo.

En ese momento pasaban por la clínica más de 15.000 personas al año. Muchos de esos pacientes pasaron por la oficina de Keita, escucharon sus preguntas y leyeron los pasajes bíblicos. Perdimos la cuenta de la cantidad de personas que se entregaron a Jesús.

Un día, al acabar de trabajar, mi esposa se dirigía hacia su automóvil, cuando un hombre pasó corriendo y le robó el bolso.

Su primera reacción fue de asombro, pero, a continuación, lo persiguió. Allá fue mi esposa, con más de 50 años, corriendo por la calle, persiguiendo a un traficante de cocaína. El asaltante se metió en un fumadero, y mi esposa comenzó a golpear la puerta gritando: «Si no me devuelves el bolso avisaré a Bill y a Keita».

Más tarde, cuando me contó la historia, llamé a Keita. Él conocía al asaltante, así que fuimos y nos sentamos delante de su casa. Al rato apareció un hombre en silla de ruedas. Keita lo llevó a Cristo. Luego apareció el que había robado el bolso a mi esposa, y Keita lo llevó a Cristo. Días más tarde, el asaltante pidió disculpas a mi esposa y le devolvió el bolso. Solo faltaba el dinero.

No recomiendo perseguir a traficantes de droga por la calle, pero sí te aconsejo que prestes atención a las interrupciones que surjan en tu vida. Entrégaselas a Dios y permítele que reaccione a través de ti con Su amor y Su poder. Cuando lo hagas, verás cómo Dios usa todo para bien, incluso las rodillas rotas y los bolsos robados.

Sé agradecido

Mientras buscas oportunidades, recuerda que Dios solo quiere que seas agradecido.

El Espíritu Santo quiere usar tu fidelidad tanto para bendecir a la persona que oye tu testimonio como a ti. Quiere que experimentes el gozo de Filemón 6: «Ruego que la comunión de tu fe llegue a ser eficaz por el conocimiento de todo lo bueno que hay en vosotros mediante Cristo» (LBLA).

El entrenador Dave Nicholl dijo: «El verano que empecé a compartir mi fe con los estudiantes que se graduaban, experimenté esa clase de gozo en mi corazón. Mi relación con Cristo creció. Estaba más entusiasmado que cuando los Broncos ganaron el Súper Tazón».

El Espíritu Santo quiere que experimentes este gozo para que comprendas plenamente lo que tienes en Cristo. Durante el proceso, quizás te sorprenda cómo Dios te use.

El entrenador Dave añade: «Intégrate donde Dios se mueve. Aprovecha cada oportunidad. Una noche sonó el teléfono. Era un vendedor telefónico de Nueva México que me ofrecía un producto. Escuché su discurso y le dije: "No me interesa". Cuando lo intentó por segunda vez, le contesté: "Tengo una pregunta para ti. ¿Tienes alguna clase de creencia espiritual?". Entonces comprendí algo. Dios no solo se está moviendo en Windsor, Colorado, sino en todo el mundo. Me regocijé cuando el vendedor le entregó su vida a Cristo».

Prueba cada oportunidad que surja. Si descubres que Dios está obrando, únete a Él y, como el entrenador Dave, darás gracias porque tu gozo es completo.

Resumen

Preguntas de compromiso:

1. ¿Eres un pecador?
2. ¿Quieres perdón para tus pecados?
3. ¿Crees que Jesucristo murió en la cruz por ti y resucitó?
4. ¿Estás dispuesto a rendirle tu vida a Jesucristo?
5. ¿Estás listo para invitar a Jesús a tu vida y a tu corazón?

Tras hacer estas preguntas, recuerda: *¡guarda silencio y ora!* Si tu amigo responde «sí» a la pregunta 5, quizás quieras ayudarlo a realizar la siguiente oración: «Padre celestial, he pecado contra ti. Quiero que me perdones por todos mis pecados. Creo que Jesús murió en la cruz por mí y resucitó. Padre, te entrego mi vida para que hagas con ella lo que quieras. Quiero que Jesucristo venga a mi vida y a mi corazón. En el nombre de Jesús. Amén».

Recuerda, tal vez quieras anotar estas preguntas y la oración en tu Biblia. El próximo capítulo te mostrará cómo apoyar a esa persona que dijo «sí» a Jesús.

Capítulo 7

QUÉ HACER CUANDO UNA PERSONA RECIBE A CRISTO

Cuando una persona recibe a Cristo, intento afirmar y confirmar lo que acaba de suceder. Lo hago, porque cuando alguien puede testificar sin vergüenza sobre el evangelio, ha dado el primer paso en su nuevo caminar de fe. Como confirma la Escritura en 1 Corintios 12:3: «Nadie puede llamar a Jesús Señor, sino por el Espíritu Santo».

La otra noche llamé a Jerry, un amigo. Él contestó el teléfono y dijo: «¡Bill! Quiero que conozcas a alguien. Brenda tiene una noticia emocionante».

Mientras le pasaba el teléfono a Brenda me reí, porque sabía lo que seguía. Pregunté:

—Brenda, ¿cómo estás?

—No te escucho. Hay un gran alboroto aquí.

—¿Por qué? ¿Qué sucedió?

—¡Acabo de entregarle mi vida a Jesús!

—¿Cómo fue?

—«Sentía un vacío en mi vida, aunque mi matrimonio y mi trabajo iban bien. Mi amiga organizó este encuentro con Jerry. Él me hizo leer unos pasajes bíblicos en voz alta, y luego me preguntó qué significaban para mí. Entonces me di cuenta de que necesitaba desesperadamente a Cristo.

—¿Puedo hacerte algunas preguntas?

Brenda rió.

—¿Tú también?

—¿Por cuántos de tus pecados pagó Cristo?

—Por todos.

—¿Sabes cuántos de tus pecados recuerda Dios?

—Creo que sí. Ninguno.

Esbocé una amplia sonrisa.

—Tienes toda la razón. Brenda, ¿dónde vive Jesús?

Con alegría me respondió: «¡Vive en mi corazón!».

¡Qué momento de celebración! Sin duda, Brenda se había comprometido con Cristo. Pero Jerry y yo no la dejaríamos sin seguimiento. Abandonar a un nuevo creyente sería como dejar a un bebé en una tormenta de nieve. Teníamos que asegurarnos de colocar a Brenda en un camino que la llevara a una relación más profunda con el Señor. El primer paso para ayudar a un creyente nuevo a comenzar este proceso es hacerle la pregunta que le hice a Brenda.

Preguntas e indicaciones para el nuevo creyente

Como recordarás, la primera pregunta que hice fue:

1. ¿Por cuántos de tus pecados pagó Cristo?

Por ella y por mí, quise asegurarme de que había comprendido. En 1 Juan 2:2 afirma: «Y él es la propiciación por nuestros pecados; y no solamente por los nuestros, sino también por los de todo el mundo». Está claro que Cristo murió por todos nosotros y por todos nuestros pecados.

Cuando escuché su respuesta: «¡Todos!», procedí a la siguiente pregunta.

2. ¿Cuántos de tus pecados recuerda Cristo?

Su respuesta debería ser «ninguno». Quizás quieras recordarle al nuevo creyente que la Palabra afirma, en Hebreos 10:17: «Y nunca más me acordaré de sus pecados y transgresiones».

Es importante que el nuevo creyente comprenda que es una nueva criatura. En 2 Corintios 5:17 se declara: «De modo que si alguno está en Cristo, nueva criatura es; las cosas viejas pasaron; he aquí todas son hechas nuevas».

3. ¿Dónde vive Cristo?

La respuesta que buscamos es «dentro de mí». Gálatas 2:20 asevera: «Con Cristo estoy juntamente crucificado, y ya no vivo yo, mas vive Cristo en mí».

Es un concepto importante, y quiero asegurarme de que el nuevo creyente comprenda que tiene una relación con Cristo. A continuación, pido otra cosa.

4. Vamos a orar.

Me encanta enseñarle a un nuevo creyente a caminar con Dios. Le indico: «Simplemente, di "Padre celestial", y luego expresa lo que hay en tu corazón. Concluye con estas palabras: "Pido esto en el nombre de Jesús"».

He escuchado oraciones de diez segundos de duración y hasta de diez minutos. No importa la duración, sino que el proceso de oración ha comenzado.

5. ¿Quién ha estado orando por ti?

Siempre le pregunto al nuevo creyente: «¿Quién ha estado orando por ti?».

El 95% de las veces, la persona lo sabe. En general se trata de su madre, su padre, la abuela, un amigo, un compañero de trabajo, un pariente o compañero de la escuela. Luego, pregunto:

6. ¿Sabes a qué iglesia asiste tu amigo?

Lo pregunto, porque quiero confirmar que el amigo o el familiar que oró por el nuevo creyente vaya a una iglesia con base bíblica y sea un cristiano conforme a la Escritura. Si es así, añado:

7. ¿Sabes el número de teléfono de tu amigo? ¡Llamémoslo ahora!

Si hay un teléfono a mano, pregunto: «¿Tienes el número de teléfono?».

Llamamos a la persona de inmediato. Entre sollozos, mi amigo suele afirmar algo como: «Quería llamarte para decirte que acabo de entregar mi vida a Jesús».

A menudo hay gran regocijo del otro lado del teléfono. Esta, por supuesto, es una de las razones principales por las que le pido al nuevo creyente que llame. Intento devolver algo de gozo al cuerpo de Cristo. Quiero que todos compartan mi alegría.

Además, quiero que el nuevo creyente comparta la noticia con otra persona. Es importante que comparta su fe en Jesucristo, ya que en Romanos 10:9 leemos: «Si confesares con tu boca que Jesús es el Señor, y creyeres en tu corazón que Dios le levantó de los muertos, serás salvo».

Además, Jesús mismo advirtió en Lucas 9:26: «El que se avergonzare de mí y de mis palabras, de éste se avergonzará el Hijo del Hombre cuando venga en su gloria, y en la del Padre, y de los santos ángeles».

Solo por estas razones, es importante comunicar las buenas nuevas de tu salvación. Además, quiero que mi amigo se acostumbre a hablar de lo que Dios ha hecho en su vida.

Alan es un buen ejemplo de lo que puede suceder cuando se alienta a un nuevo creyente a compartir su fe. Lo primero que hizo después de su conversión fue contactar a sus tres hijos. Realizó toda la presentación con cada uno de ellos. Luego, durante las próximas semanas, ¡compartió el evangelio con muchos más!

Llegó a utilizar las que podrían haber sido oportunidades de tentación como ocasión para compartir el evangelio. Cuando una amiga lo llamó para decirle que estaba pensando divorciarse de su esposo, e insinuó que necesitaba consuelo, él dio un giro a la conversación y dijo: «¿Puedo preguntarte algo? ¿Tienes alguna creencia espiritual?».

Al hablar de su fe, descubrió que esta mujer era cristiana, y la alentó a tomar el camino correcto.

8. ¿Puedo llevarte a la iglesia?

Cuando tu amigo acepta a Cristo como Salvador, una de las cosas más importantes es integrarse a una iglesia, No solo en beneficio del cuerpo de Cristo, sino también para su propio crecimiento espiritual.

Hace varios años conocí a Holly. Recibió a Cristo y la puse en contacto con una buena iglesia liderada por un buen pastor. Unos meses después, me llamó sollozando. «Tengo muchísimos problemas; estoy comiendo de la basura».

Sin tardar, llamé a su pastor y nos encontramos con Holly. Hablamos y ella volvió a Jesús. Gracias a Dios, Holly tuvo el apoyo de un buen pastor y de una iglesia que pudieron ayudarla a salir a flote.

Hace varios años vi otro ejemplo de cómo una iglesia y un pastor cambiaron la vida de un nuevo creyente. Un domingo por la mañana, tras mi sermón, Carlton respondió al llamado desde el altar. El pastor y yo no nos dimos cuenta de que estaba allí para entregarle su vida a Cristo, porque estaba perdido entre la multitud reunida para arrepentirse del pecado del silencio.

A Carlton le costó comenzar a caminar con su nueva fe. Esa noche, su prometida lo vio hablando con otra mujer. Se quitó el anillo de compromiso y se fue del restaurante llorando. Carlton volvió al seminario esa noche, como un perrito azotado. Le dijo al pastor: «Quiero comprometerme con mi nueva fe en Cristo, pero mi vida se está derrumbando».

Lo primero que hizo el pastor fue aclarar las cosas. «¿De verdad quieres la voluntad de Dios en tu vida? Si es así, deberás dejar de vivir con tu prometida».

Carlton decidió mudarse del departamento de Gail. El pastor lo ayudó a encontrar otro lugar para vivir y comenzó a discipularlo, a reunirse para orar y estudiar la Biblia. Gail no pudo evitar notar el cambio de vida y de actitud de Carlton. Impresionada, escuchó cómo el pastor presentaba el evangelio y recibió a Cristo como su Salvador. Poco después, el pastor tuvo el privilegio de casar a Carlton y a Gail en una ceremonia sencilla. Los rostros de los novios brillaban con la alegría nupcial, mezclada con el gozo de seguir a Cristo en obediencia. Hoy, esta pareja crece junta en el Señor y está alcanzando a otros con las buenas nuevas de Jesucristo.

Qué hermoso ejemplo de apoyo de una iglesia y un pastor a los nuevos creyentes. Tu amigo también necesitará el apoyo del cuerpo de Cristo. Si vive cerca de ti, puedes preguntar: «¿Puedo llevarte a la iglesia?».

Por favor, no te olvides de lo que ofreces. Ve a buscar a tu amigo para ir a la iglesia al domingo siguiente. Esto ayudará a quitar su temor a lo desconocido. Una vez en la iglesia, preséntale al pastor. Es un honor discipular así a un nuevo creyente. Podrás ver cómo crece su gozo a medida que profundiza su fe.

Si tu amigo vive lejos o no puede asistir a tu iglesia, pregúntale: «¿Te sentirías más cómodo en una iglesia pequeña o grande?».

Quizás tengas que investigar un poco, pero con algunas llamadas telefónicas puedes encontrar una iglesia bíblica que esté en su zona y cumpla sus preferencias de tamaño. Si le da lo mismo, proporciónale el nombre de una iglesia bíblica cercana a su hogar. Además, entrégale el nombre y el número telefónico del pastor.

Como a veces llevo a alguien a Cristo cuando estoy de visita en otra ciudad, a menudo no puedo acompañar al nuevo creyente a la iglesia por primera vez. Pero no hay problema, porque puedo ayudarlo a comenzar el proceso de encontrar una iglesia en su ciudad. Hago lo siguiente:

- Ubico una iglesia en su zona, que me parezca buena.

- Llamo al pastor, y le doy el nombre y el número de teléfono de mi amigo.

- Le pido al pastor que llame a esta persona. Mientras la llamada se concrete, no importa quién llame primero. Pero cuando hablo con el pastor, le pido que me prometa que él u otra persona no solo llamará a mi amigo para informarle sobre los horarios de las reuniones, sino también para que alguien lo reciba en la puerta, responda a sus preguntas y lo ayude a participar de la escuela dominical o algún grupo pequeño. Solo entonces me quedo en paz.

- A las 24 horas, vuelvo a llamar al pastor para asegurarme de que todo haya salido como acordamos.

Como verás, aun viviendo lejos de tu amigo, puedes seguir estos pasos para ayudarlo a encontrar una iglesia en su ciudad.

9. Lee el Evangelio de Juan.

Poco después de la conversión de mi amigo, le doy una tarea, como hice con Brenda aquella noche. Afirmo: «Te prometo que cuando leas el Evangelio de Juan esta noche, te parecerá diferente».

Volver a leer la Palabra le resultará distinto al nuevo creyente, porque, a diferencia de antes, ahora tiene significado.

Como quiero asegurarme de que el nuevo creyente cumpla su tarea, advierto algo como:

10. Te llamaré mañana para ver si la Palabra cobró un nuevo significado.

Llama en uno o dos días para ver si tu amigo hizo como le pediste. Cuando lo haga, pregunta: «¿La Biblia te pareció diferente?».

Si responde «sí», añade: «Puede parecer distinta, pero el libro no cambió. Tú sí, y notarás otros cambios. Por ejemplo, en los próximos días, quizás te parezca que algunas palabras que usabas están mal. Esto indica que Cristo vive en ti. Ya no vives para ti mismo, sino para Él».

En 2 Corintios 5:15, leemos: «Y por todos murió, para que los que viven, ya no vivan para sí, sino para aquel que murió y resucitó por ellos».

¿Para qué sirve el discipulado?

¿Por qué deberíamos realizar un seguimiento del nuevo creyente? Después de todo, ya tomó la decisión de seguir a Cristo.

¿No terminó nuestra tarea? Por supuesto que no. Ante todo, Jesús nos mandó hacer discípulos. Mateo 28:19-20 afirma: «Por tanto, id, y haced discípulos a todas las naciones, bautizándolos en el nombre del Padre, y del Hijo, y del Espíritu Santo; enseñándoles que guarden todas las cosas que os he mandado; y he aquí yo estoy con vosotros todos los días, hasta el fin del mundo».

¿Qué es un discípulo? En primer lugar, es un creyente nacido de nuevo. Y en segundo lugar, un discípulo necesita crecer en su relación con Cristo.

Piénsalo de la siguiente manera: el nuevo creyente es como un bebé. Necesita mucho cuidado y alimento. Madurará si le dedica tiempo a la oración, a la lectura de la Palabra, a la comunión, la adoración y el servicio.

Es nuestra responsabilidad proporcionar todo lo necesario para que crezca.

Mi amigo Jerry comprende este principio. Por eso hizo el seguimiento y se aseguró de que su amiga Brenda encontrara una iglesia con base bíblica. La travesía de Brenda acaba de comenzar. A medida que crezca en la fe, hallará el consuelo y el cuidado de Dios, y Su guía en medio de las circunstancias más hermosas y difíciles de la vida. ¡Qué viaje tan emocionante le espera! Y lo mejor es que ya no está sola.

En el capítulo siguiente revisaremos cómo responder a las 36 objeciones más comunes.

Resumen

Cuando tu amigo acepte al Señor, hazle las siguientes preguntas. Quizás también quieras anotar estas preguntas e indicaciones para el nuevo creyente en tu Biblia:

1. ¿Por cuántos de tus pecados pagó Cristo?
2. ¿Cuántos de tus pecados recuerda Cristo?
3. ¿Dónde vive Cristo?
4. Vamos a orar. *(El nuevo creyente debería expresar lo que tenga en el corazón.)*
5. ¿Quién ha estado orando por ti?

6. ¿Sabes a qué iglesia asiste tu amigo?
7. ¿Sabes el número de teléfono de tu amigo? ¡Llamémoslo ahora!
8. ¿Puedo llevarte a la iglesia conmigo?
9. Lee el Evangelio de Juan.
10. Te llamaré mañana para ver si la Palabra cobró un nuevo significado.

Capítulo 8

PRONTAS RESPUESTAS PARA OBJECIONES COMUNES

La mejor manera de superar una objeción es mediante una sencilla pregunta: «¿Por qué?». Cuando alguien responde «no estoy listo», no cuestiones su razón. En cambio, actúa como un psicólogo. Muchos están dispuestos a pagar grandes sumas de dinero por hora para que les pregunten: «¿Por qué te sientes así?». El psicólogo pregunta: «¿Por qué?» porque no presume saber hasta que no le respondan.

El «principio del "¿por qué?"» funcionará en nuestro caso. Nunca supongas que sabes por qué alguien no está listo para aceptar a Cristo. En cambio, pregunta: «¿Por qué?». Es la única manera de lograr que tu amigo confiese sus verdaderas razones.

Funciona así:

Tú: ¿Estás listo para invitar a Jesucristo a tu vida?

Amigo:	No.
Tú:	¿Por qué?
Amigo:	No estoy listo.
Tú:	¿Por qué?

Ahora que has preguntado: «¿Por qué?», tu amigo quizás confiese el verdadero problema. Por ejemplo, puede confesar: «Mi esposa me dejará», «me gusta salir de fiesta» o «perderé a mis amigos». Son cuestiones que puedes refutar una vez identificadas. Además, cuando tu amigo exprese su razón en voz alta, incluso a él puede parecerle tonta.

Recuerdo una vez que sucedió esto con el «principio del "¿Por qué?"». Estaba hablando con un hombre que contestó: «No estoy listo para recibir a Jesucristo». «¿Por qué?», le pregunté.

Hizo algunos comentarios confusos sobre sus negocios y, cuando terminó, me miró y dijo: «No tiene sentido, ¿verdad?».

Le respondí: «No. ¿Estás listo para entregarle tu vida a Cristo?». ¡Lo estaba y lo hizo!

Cuando descubras la verdadera objeción de tu amigo, no caigas en la tentación de discutir. Que no te motive el deseo de tener la razón o de probar que está equivocado. En cambio, que tu motivación sea testificar de Jesús en amor. Es imposible expresar amor con el puño cerrado o argumentos hirientes. Así que recuerda permanecer tranquilo, preguntar: «¿por qué?», y escuchar las objeciones de tu amigo. Es una de las mejores maneras de demostrar amor por él y por Dios.

Las objeciones más comunes

En esta sección encontrarás respuestas a 36 objeciones comunes que he oído. No es necesario que las memorices; pero léelas y estúdialas para estar preparado. La Escritura aconseja: «Estén siempre preparados para responder a todo el que les pida razón de la esperanza que hay en ustedes» (1 Ped. 3:15, NVI).

A continuación, mostramos una lista con las 10 objeciones más comunes de las 36 que mencionaremos. El número al final de cada objeción indica la ubicación de la respuesta correspondiente en la lista de este capítulo y del apéndice 3.

1. No estoy listo. (20)
2. Mis amigos creerán que estoy loco si acepto a Jesús. (15)
3. ¿Y qué sucede con mi familia? (35)
4. Hice demasiadas cosas malas. (9)
5. Me estoy divirtiendo demasiado. (14)
6. ¿Por qué Dios permite que sucedan cosas malas? (26)
7. Muchos caminos llevan a Dios. (17)
8. Hay muchas religiones en el mundo. (7)
9. Siempre creí en Dios. (30)
10. Hay demasiados hipócritas en la iglesia. (6)

Las 36 objeciones siguientes y sus respuestas aparecen en orden alfabético. Para encontrar una lista completa de las 36 objeciones y 36 respuestas de referencia rápida, ver el apéndice 3.

1. ¿Cómo puede un Dios de amor enviar a alguien al infierno?

A menudo, nuestra cultura es insensible al concepto del pecado, porque los absolutos morales casi nunca se enseñan en la escuela. De alguna manera, nos hemos convencido de que Dios no enviará a nadie al infierno. Es lo más sencillo de refutar con la Escritura. Comenzamos mirando a la cruz. Demuestra el amor de Dios, un amor que clavó en ella a Jesús por los pecados del mundo. Este acto abnegado demuestra la profundidad del perfecto amor de Dios para reconciliar al hombre consigo mismo.

Pero también tenemos que hablar del otro mensaje de la cruz: la justicia perfecta de Dios. Verás, Jesucristo no pecó jamás en pensamiento, palabra ni obra. Sin embargo, en la cruz cargó con los pecados de todos. Los Salmos predicen que Cristo clamaría: «Dios mío, Dios mío, ¿por qué me has desamparado? ¿Por qué estás tan lejos de mi salvación, y de las palabras de mi clamor?» (Sal. 22:1).

Este pasaje expresa que, cuando Jesucristo cargó con nuestros pecados, Dios le dio la espalda. Arrojó toda Su ira sobre Su propio Hijo. Esto representa la justicia perfecta de Dios. Un único pecado nos separa de Dios, sin excepción. Por eso, Jesús murió en nuestro lugar. Si no fuera así, ¿no crees que Dios le habría ahorrado el sufrimiento a Su propio Hijo?

2. ¿Cómo sé si la Biblia es veraz?

Como hablamos en un capítulo anterior, Dios aseguró que ni una jota ni una tilde provinieron de la voluntad humana.

Dedico mucho tiempo a evangelizar al personal de una cadena de restaurantes de mi zona. Recuerdo que un día, un camarero no creyente llamado Danny me vio sentado a mi mesa. Se me acercó y dijo: «Bill, tenemos un nuevo muchacho que quisiera que conozcas. Se llama Art, y le gustan las estadísticas».

Me reí entre dientes. «Ve a buscarlo».

Así que Danny, un incrédulo, me traía a otro no creyente a la mesa, como si fuera una pizza, para que pudiera hablarle del evangelio. ¡Qué sentido del humor tiene Dios!

Enseguida se acercó Art, un muchacho de 1,95 m (6,4 pies) de alto con lentes gruesos como fondo de botella. Decidí comenzar con una pregunta para ver si Dios estaba obrando.

—Art, entiendo que te gustan las estadísticas —comenté.

—Sí.

—¿Cuánto es un centavo duplicado todos los días, durante 30 días? —le pregunté.

—Comienza en 1, 2, 4, 8, 16, 32, 64, 128, 256, hasta alcanzar los 10.737.418,24 dólares —contestó Art sin pensar.

¡Quedé boquiabierto!

—Te ha resultado fácil —contesté—. Déjame hacerte otra pregunta. ¿Cuántas personas tendrían que arrojar una moneda al aire hasta que una de ellas obtuviera cara 30 veces seguidas?

Art salió corriendo a la cocina. Al volver, me contestó que millones de personas tendrían que hacerlo antes de que una de ellas pudiera obtener cara 30 veces seguidas. Art tenía razón. Según *Ripley's Believe It or Not! Strange Coincidences* [¡Créase o no! Coincidencias extrañas],[1] para que al arrojar una moneda al aire caiga de cara 50 veces seguidas, sería necesario que 1.000.000 de hombres arrojaran 10 monedas por minuto durante 40 horas a la semana… y solo ocurriría una vez cada 9 siglos.

Una vez establecida esa probabilidad, estaba listo para hacer el cambio.

—Por eso creo que la Biblia es veraz —afirmé—. Si tomas las 30 profecías sobre el nacimiento, la muerte y la resurrección de Jesús que se cumplieron, es como arrojar una moneda y que caiga de cara 30 veces seguidas.

Art permaneció inmóvil.

—No quiero quitarte tiempo de tu trabajo —comenté— pero cuando vuelvas a tu puesto, piensa en lo siguiente: ¿cuántas personas tendrían que arrojar una moneda hasta que una obtuviera cara 245 veces seguidas? —Escogí ese número porque es una estimación prudente de la cantidad de profecías bíblicas ya cumplidas.

—¿Podemos quedar para hablar? —preguntó Art aturdido.

—Me encantaría.

Me alegra informar que, unos días más tarde, me reuní con Art, y los ángeles se regocijaron por su decisión de seguir a Cristo.

Hace poco, le pregunté a un amigo qué probabilidad había de que 245 profecías se cumplieran. Me dijo: «Bill, la probabilidad sería de una entre mil millones». Para mí, eso señala a un Dios soberano y poderoso, por encima de la infinitud.

3. ¿Cómo sé si tengo suficiente fe?

Cuando alguien me confiesa que teme no tener suficiente fe para recibir a Cristo como Salvador, sonrío y le contesto: «Si te alcanza la fe como para pedirle a Cristo que venga a tu corazón, tienes suficiente fe para recibirlo en tu corazón. Imagina a Moisés. Cuando guiaba al pueblo fuera de Egipto, se encontró con una tremenda barrera: el Mar Rojo. El ejército del Faraón se acercó a Moisés y las tribus de Israel, y Dios lo dirigió a cruzar el mar. Moisés se paró en la costa, preguntándose si tenía suficiente fe. En cuanto puso el pie en el agua, el mar se partió. Dios honrará tu primer paso. Si en verdad quieres conocer a Jesús como Señor, da el primer paso y pídele que entre en tu corazón».

4. Dios no puede perdonarme.

A menudo, oigo: «Dios no puede perdonarme».

Frente a esta objeción, voy a Romanos 10:13: «Todo aquel que invocare el nombre del Señor, será salvo», y le pido a la persona que lo lea en voz alta.

Recuerdo que una vez estaba sentado con un hombre en un restaurante, y me confesó: «Es imposible que Dios me perdone por todo lo que he hecho. Arruiné mi familia, mi vida y herí a muchas personas».

Abrí la Palabra en Romanos 10:13 y le pedí: «Lee este pasaje en voz alta».

Lo hizo, y le pregunté: «¿Qué significa esto para ti?».

Comenzó a temblar.

—Mira, ¿no afirma que Dios perdona al asesino que se arrepiente?

—Sí.

—¿Puede perdonar a un ladrón de bancos?

—Sí.

—¿Puede perdonar a un hombre que arruinó su matrimonio y lastimó a otras personas?

—¡Puedo recibir perdón! —gritó para mi sorpresa. Entonces, apoyando la cabeza en la mesa, comenzó a llorar. Momentos después, nos tomamos de las manos y él pronunció la oración de entrega, pidiéndole perdón a Dios por todos sus pecados, e invitó a Cristo a su vida.

5. Es imposible saber cuál es la verdad.

Es una tragedia terrible que nuestra cultura nos haya enseñado a creer que no existen los absolutos, el bien o el mal, o la verdad. He abordado esta objeción de distintas maneras. A veces, simplemente pregunto: «¿Por qué?» y escucho cómo la persona titubea e intenta responder.

Pero a veces, con una mirara pícara, pido que me preste su reloj. Cuando me lo entrega, lo guardo en mi bolsillo. A continuación, hablamos de cualquier cosa, excepto de que tengo el reloj en el bolsillo. Al rato, un poco nerviosa, pregunta: «¿Me devolverías mi reloj?».

Respondo: «No, mi verdad es quitarle el reloj a las personas que no creen en la verdad».

Por fin, saco el reloj de mi bolsillo y se lo entrego. Añado: «Acabas de decirme que no existe el bien ni el mal. ¿Cómo puede estar mal que te robe el reloj?».

Como no puede responder, sigo: «Verás, no puedes esconderte detrás de esa afirmación. ¿Puedo mostrarte algunos pasajes de la Escritura que me cambiaron la vida?».

Un día estaba en un restaurante cuando una vieja amiga me saludó:

—Hola, Bill. Me pareció que eras tú. Escuché sobre todos los cambios en tu vida y quería que sepas que yo también soy espiritual».

La palabra *espiritual* es una señal de peligro para mí; en general significa Nueva Era.

Le pregunté si tenía tiempo para tomar un café. Nos sentamos.

—¿La verdad es importante para ti? —inquirí.

—Es imposible saber qué es verdad —me respondió.

Miré al otro lado de la mesa y continué:

—Entonces, seguramente no tendrías problema si te violara.

Quedó aturdida, y comenzó a temblarle el labio inferior.

—¿Qué te sucede? —pregunté.

—Eso me sucedió una vez.

La miré directo a los ojos.

—¿Por qué estuvo mal? —indagué. Gracias a su horrible filosofía, permaneció temblando durante cinco minutos. Ni siquiera podía decirme por qué el peor crimen contra la mujer estaba mal. Al final, ya no pude soportarlo más y añadí: Déjame explicarte por qué está mal; está mal porque Dios lo confirma.

Unos días más tarde, me llamó. «He estado pensando en lo que dijiste. ¿Será posible que encuentre al Dios del que hablas?».

Me alegra informar que encontró al Dios de los absolutos y de la verdad. Se llama Jesucristo.

6. Hay demasiados hipócritas en la iglesia.

Frente a esta objeción, lo primero que respondo es: «Tienes toda la razón. Hay hipócritas en todas las iglesias. Me alegra que te preocupe esto, porque cuando te unas a la iglesia perfecta, dejará de serlo. Jesús aconsejó que no siguiéramos a los hipócritas, sino a Él. Creo que es excelente que distingas entre un hipócrita y una persona genuina. Será agradable verte crecer en la fe».

Luego, añadó: «Confía en mí; si aceptas a Cristo como tu Salvador y veo que comienzas a actuar como un hipócrita, te recordaré esta conversación. ¿Estás listo para orar?».

Una de las amigas de Linda, Jan, le comentó hace poco:

—Me preocupan todos los cristianos que aparecen en televisión y piden que envíes dinero a cambio de oraciones y milagros. Si eso es el cristianismo, no quiero tener nada que ver con él.

—Muchos cristianos de la televisión son auténticos, pero otros no. Piénsalo de esta manera: si me hiciera pasar por un agente inmobiliario para estafarte, ¿significaría que todos los agentes inmobiliarios son deshonestos? —contestó Linda.

—Por supuesto que no.

—Entonces, solo porque una persona afirme representar a Cristo, no significa que sea Su representante. Solo Cristo conoce su corazón.

La amiga asintió.

—Nunca lo había pensado de esa manera.

—¿Dejarás que una persona deshonesta te impida conocer el amor de Dios por ti? —preguntó Linda.

Linda informa que mientras se escribe este libro, Jan todavía está procesando el evangelio, pero al menos ya no tiene este impedimento.

7. Hay muchas religiones en el mundo.

Algunos argumentan: «Hay muchas religiones en el mundo, y no se puede saber cuál es la correcta». Mi respuesta: «He descubierto que todas las religiones del mundo pueden dividirse en dos grupos. Imagina que todas las religiones excepto el cristianismo están en mi mano izquierda: el mormonismo, el budismo, el hinduismo, el judaísmo, y todos los demás "ismos"; y el cristianismo está en mi mano derecha. Todos los de mi mano izquierda afirman dos cuestiones características: (a) Jesús no es Dios, o no es el único Dios. Puede ser un gran profeta, un maestro o un buen hombre, pero no es el Mesías; y (b) si haces suficientes buenas obras, liberas al mundo de infieles o sigues una dieta en particular, puedes recibir alguna clase de salvación.

»Dos afirmaciones opuestas no pueden ser verdaderas. Si la pila de "ismos" fuera verdad, admitiría que mi fe es en vano. ¿Estarías dispuesto a admitir que, si el cristianismo de mi mano derecha es verdad, tu fe es en vano? Examinemos la evidencia para descubrir quién puede estar equivocado.

»El cristianismo afirma que Jesús es Dios que vino a nosotros mediante Jesús, quien vivió, murió en la cruz y resucitó para que tengamos vida eterna. El cristianismo asevera: "Porque por gracia sois salvos por medio de la fe; y esto no de vosotros, pues es don de Dios; no por obras, para que nadie se gloríe"» (Ef. 2:8-9).

Pregunto: «¿Pueden ser ciertas ambas enseñanzas? Todos tenemos que tomar la decisión de colocar nuestra confianza en una u otra». Esto transforma una discusión complicada en una respuesta sencilla.

8. Hay muchas traducciones de la Biblia.

En el capítulo 5, ver «Demasiadas traducciones», bajo «Objeciones a la Biblia», o la respuesta 8 en el apéndice 3.

9. Hice demasiadas cosas malas.

Ver «No soy lo suficientemente bueno», la respuesta 23, en este capítulo.

10. La Biblia tiene demasiados errores.

En el capítulo 5, ver «Demasiados errores», bajo «Objeciones a la Biblia», o la respuesta 10 en el apéndice 3.

11. La discusión nunca termina.

Es el caso de quien no cesa de discutir. Cuando me encuentro con alguien así, mi primera reacción es orar: «Señor, yo solía ser así. Ayúdame a amarlo hasta que comprenda el evangelio».

En general, suele ser alguien sumamente hostil, así que evito conscientemente discutir con él. En cambio, hago preguntas como: «¿Por qué estás tan enojado? ¿Por qué te produce tanta agresividad la presentación del evangelio?». Y, enseguida, la pregunta clave: «Si por alguna razón descubrieras que todo lo que he dicho sobre el evangelio y Jesús fuera verdad, ¿qué harías?».

Si me replica que aun así no creería, pregunto: «¿Por qué?». Y quizás llegaría a la verdadera objeción que no podría refutar. Pero si me contesta que no está listo o se niega a creer, debo recordar que no pasa nada si abandono esta presentación. No significa que deje de amar a esta persona o de orar por ella. Sigo buscando maneras de hablarle en el futuro.

Pero si indica que estaría dispuesta a creer si el evangelio fuera verdad, respondo: «Qué bueno; yo era igual». Entonces le cuento brevemente mi testimonio, cómo discutía y no creía que Jesús era quien afirmaba ser. Me gusta dar mi testimonio porque la Escritura nos recuerda en Apocalipsis 12:11:

«Y ellos le han vencido por medio de la sangre del Cordero y de la palabra del testimonio de ellos».

La gente se volverá a Cristo por el poder del evangelio y de nuestro testimonio.

A continuación, busco una transición para poder abrir mi Biblia y mostrarle la Escritura. Puedo recurrir a algo como: «Te he abierto una gran parte de mi vida. ¿Qué ha sido lo más traumático que te ha sucedido a ti?», «¿tienes algún temor?», «¿tienes miedo a la muerte?», «¿te lastimaron tus padres alguna vez?», «¿te aterra aceptar el amor de Dios?», «¿te has sentido amado alguna vez?», o «¿a veces te sientes solo?».

Intento traspasar la superficie para llegar a su mecanismo de defensa. Cuando esté dispuesto a hablar de los temas ocultos bajo su personalidad argumentativa, podré obtener su permiso para presentarle el evangelio.

Si no lo acepta, no pierdas la paz. Lo que para ti es tan evidente ahora, un día no lo fue. Probablemente, esa Biblia que tanto valoras no significaba nada para ti y las reuniones de oración te resultaban aburridas. Quizás, ir a la iglesia y orar te parecía una manera monótona de vivir, porque, como nos recuerda 1 Corintios 2:14: «Pero el hombre natural no percibe las cosas que son del Espíritu de Dios, porque para él son locura, y no las puede entender, porque se han de discernir espiritualmente».

Una vez, cuando participaba activamente en el ministerio carcelario, conocí a un brillante detective de Pueblo, Colorado, que había arrestado a muchos de los prisioneros que yo «conocía». Tenía reputación por resolver los casos más difíciles. Su actitud también era argumentativa.

Un día, estando en la cárcel, me acerqué a presentarme.

«Jack, quisiera invitarte a almorzar. Me gustaría llevar a algunos ex-delincuentes que arrestaste. ¿Tienes miedo?».

«Para nada».

«Bueno, llevaré a mi esposa para que sepas que no es una trampa».

Durante el almuerzo, Bruce, un ex-convicto con tatuajes desde la nariz hasta los pies y un registro interminable de arrestos por asesinato y secuestro, compartió su testimonio con Jack. Más tarde, Jack respondió una llamada del cuartel de policía, y lo oímos comentar: «No creerás con quién estoy almorzando. En serio, algo de Dios está pasando aquí. Nunca vi algo igual en mi vida».

Aunque Jack no aceptó a Cristo ese día, sigo hablándole del evangelio. Veo la obra de Dios y continúo orando por él todos los días. Cuando comienzo a preocuparme por él, voy y lo busco. Supongo que podría abandonar la tarea por frustración, y dejar de amar y preocuparme, pero entonces recuerdo que Dios no se dio por vencido conmigo.

Entonces, oro: «Señor, hasta que me ordenes lo contrario, seguiré buscando oportunidades para llevarlo a la iglesia, a almorzar, y esperaré la oportunidad de ver cómo cambias su vida».

Quizás sea frustrante, pero siento que es parte de mi proceso de santificación, y doy gracias por la frustración.

12. ¿Las sectas son la respuesta?

Los miembros de una secta son fáciles de detectar, porque niegan la deidad de Jesucristo, y enseñan que hay que ganarse la salvación. Aun así, puede resultar difícil discernir lo que creen, ya que suelen tener un doble discurso. Es decir, asignan significados alternativos a la terminología cristiana para ganarse tu confianza.

Cuando conozcas a uno de ellos, no intentes comenzar un debate. Haz la pregunta directa: «Si lo que crees no fuera verdad, ¿te gustaría saberlo?».

Una mañana, mientras me preparaba para salir, vi a una mujer con un maletín y un niño de diez años junto a mi puerta. De inmediato los identifiqué como Testigos de Jehová. Llegaba tarde, pero no quise perder la oportunidad de testificar.

Cuando abrí la puerta, la mujer dijo:

—Hola, soy de la Atalaya.

—Si lo que crees no fuera verdad, ¿te gustaría saberlo? —contesté.

—Lo que creo es verdad, y estoy aquí para comunicarte esa verdad.

—Si lo que crees no fuera verdad, ¿te gustaría saberlo? —volví a preguntar.

—Conozco la verdad.

Tuve que preguntar doce veces antes de que por fin admitiera: «Sí, me gustaría saberlo».

Desde entonces, me visitó dos veces, y seguimos hablando.

Otra pregunta que hago es: «¿Quién es Jesucristo?».

En general, el miembro de la secta responde: «Fue un buen maestro».

Pregunto: «¿Los buenos maestros mienten?».

«Los buenos, no».

«¿No es interesante que Jesús afirmara ser Dios?».

Al final de mi Biblia he anotado varios pasajes que señalan la deidad de Cristo. Abro la Biblia y les muestro. Sería una buena idea que hicieras lo mismo:

- «Yo y el Padre uno somos» (Juan 10:30). La traducción literal significa que Jesús y el Padre tienen la misma esencia.

- «Si me conocieseis, también a mi Padre conoceríais; y desde ahora le conocéis, y le habéis visto» (Juan 14:7).

- «Yo soy el Alfa y la Omega, principio y fin, dice el Señor, el que es y que era y que ha de venir, el Todopoderoso» (Apoc. 1:8). Sabemos que era Jesús quien hablaba en Apocalipsis 1:8, porque el libro cierra confirmando:

- «El que da testimonio de estas cosas dice: Ciertamente vengo en breve. Amén; sí, ven, Señor Jesús» (Apoc. 22:20).

- El siguiente pasaje también es convincente: «Él es la imagen del Dios invisible, el primogénito de toda creación. Porque en él fueron creadas todas las cosas, las que hay en los cielos y las que hay en la tierra, visibles e invisibles; sean tronos, sean dominios, sean principados, sean potestades; todo fue creado por medio de él y para él» (Col. 1:15-16).

- «Antes que Abraham fuese, yo soy» (Juan 8:58). El pueblo judío sabía que Jesús se autodenominaba Dios al llamarse a sí mismo «yo soy». Aludía al nombre divino de Dios en Éxodo 3:14. Dios comunicó a Moisés: «YO SOY EL QUE SOY. Y añadió: Así dirás a los hijos de Israel: YO SOY me envió a vosotros» (Ex. 3:14).

- «Por esto los judíos aun más procuraban matarle, porque no sólo quebrantaba el día de reposo, sino que también decía que Dios era su propio Padre, haciéndose igual a Dios» (Juan 5:18).

Además, muestro un par de versículos que demuestran que Jesús permitía que lo adoraran.

- «Y él dijo: Creo, Señor; y le adoró» (Juan 9:38).

- «Entonces Tomás respondió y le dijo: ¡Señor mío, y Dios mío! Jesús le dijo: Porque me has visto, Tomás, creíste; bienaventurados los que no vieron, y creyeron» (Juan 20:28-29).

- «Y otra vez, cuando introduce al Primogénito en el mundo, dice: Adórenle todos los ángeles de Dios» (Heb. 1:6).

A continuación, pregunto: «¿Jesús pecó alguna vez? ¿No? Tienes razón. No pecó jamás, ni de pensamiento ni de hecho».

- «Porque no tenemos un sumo sacerdote que no pueda compadecerse de nuestras debilidades, sino uno que fue tentado en todo según nuestra semejanza, pero sin pecado» (Heb. 4:15).

A continuación afirmo: «Él llevó nuestros pecados. Nos enseñó a adorar solo a Dios. ¿Por qué habría permitido que lo adoraran si jamás pecó?».

También pregunto: «¿Quién puede perdonar el pecado sino Dios? Si Jesús no fuera Dios, ¿cómo podría perdonar el pecado sin pecar?».

- «Y sucedió que le trajeron un paralítico, tendido sobre una cama; y al ver Jesús la fe de ellos, dijo al paralítico: Ten ánimo, hijo; tus pecados te son perdonados [...]. Pues para que sepáis que el Hijo del Hombre tiene potestad en la tierra para perdonar pecados (dice entonces al paralítico): Levántate, toma tu cama, y vete a tu casa. Entonces él se levantó y se fue a su casa» (Mat. 9:2-7).

Aun frente a esta evidencia, a algunos miembros de una secta puede costarles entender que Jesús sea Dios y, a la vez, el Hijo de Dios. De hecho, la Biblia llama «Dios», al Padre, al Hijo y al Espíritu. Jesús afirmó ser uno con el Padre, porque ambos son Dios, aun siendo dos personas separadas. El Padre, el Hijo y el Espíritu son tres Personas, pero un solo Dios. No hay ilustración adecuada, pero mi favorita es esta: el agua puede ser hielo, vapor o agua líquida. La diferencia es que el Dios único es tres Personas distintas *al mismo tiempo*.

Linda comenta: «Al explicar esto, vi cómo se encendió una lucecita. No respondieron, pero mi oración es que algún día se abran al evangelio».

Si logro que el otro admita que Jesús es Dios, voy directo a la presentación para testificar de Jesús. Puedes servirte de las referencias escriturales para la objeción 23, «No soy lo suficientemente bueno», para completar la presentación.

A menudo, cuando los miembros de una secta llaman a tu puerta, suelen ir en parejas, uno más experimentado y un novato. Probablemente uno está entrenando al otro. Siempre me concentro en el novato. Al finalizar nuestro tiempo juntos, les doy mi número telefónico. De esa manera, si alguno de ellos quiere hablar conmigo en privado, puede llamarme.

Además, los Testigos de Jehová no pueden orar contigo ni aceptar literatura de tu parte, por considerarte un infiel. Cuando los invito a ellos o a miembros de otra secta a sentarse conmigo, advierto: «Cuando abro la Biblia, siempre oro primero». Entonces, inclino la cabeza y proclamo el evangelio en oración. Quizás tengan los ojos abiertos, pero los oídos también. De esta manera, puedo presentar todo el evangelio sin interrupción.

Aunque no seas experto en lo que cree una secta en particular, puedes ser sumamente eficaz al compartir tu testimonio y señalar con tacto que Jesús es Señor. Pero recuerda, somos un cuerpo, y Dios ha creado distintos dones dentro del cuerpo. Quizás seas simplemente el examinador, o quien inicia la conversación con preguntas y pasajes bíblicos. Si te «atascas», no temas pedirle ayuda a un amigo, un pastor o un «experto». Puedes darle la oportunidad de ejercer su don y guiar a un miembro de una secta al Señor. Yo mismo lo he hecho y he tenido excelentes resultados.

13. Lo único que quiere la iglesia es mi dinero.

Respondo: «¿Alguna vez te pidieron dinero en la iglesia? Es cierto que la mayoría acepta ofrendas. Pero, en general, se espera que los miembros la den, no los visitantes.

»Verás, Dios no quiere tu dinero. Cuando te transformas en un creyente, algo sucede en tu corazón. Das, porque quieres hacerlo. Si no lo haces con alegría, no ofrendes.

»La iglesia no quiere tu dinero; quiere que rindas tu vida a Jesús. ¿Estás dispuesto a hacerlo?».

14. Me estoy divirtiendo demasiado.

¿Qué puedes decirle al que te responde «Me estoy divirtiendo demasiado»?

Una vez más, vuelve al «principio del "¿por qué?"».

Probablemente, te conteste algo como: «Me gusta ir de fiesta».

Cuando oigo esto, suelo responder: «En otras palabras, ¿te gusta el ambiente fiestero: sexo, drogas y *rock and roll*?».

En general, la persona se sonroja.

Añado: «Tengo una pregunta más. Imaginemos que rechazas a Jesucristo hoy, y este fin de semana te conviertes en parte de la autopista interestatal. ¿Adónde asegura la Biblia que irás?».

(Nota que siempre uso la Escritura. La Biblia es mi autoridad, ya sea que el otro crea en ella o no.)

En general, susurra: «Al infierno».

Entonces, con todo el amor que puedo reunir, le deseo: «Que tengas un buen día, conduce con cuidado».

Estas personas sí suelen conducir con mucho cuidado durante las próximas 48 horas. Pero mi objetivo no solo es recordarles su mortalidad, sino lograr que permitan al mensaje del amor y la verdad de Dios penetrar en sus mentes y sus corazones. No intento ser crítico, sino prepararlos (durante los próximos momentos, días, semanas o años) para aceptar a Jesús como su Señor y Salvador.

15. Mis amigos creerán que estoy loco si acepto a Jesús.

Una vez más, aplico el «Principio del "¿por qué"?»:

«¿Por qué creerán tus amigos que estás loco?».

«Les gusta ir de fiesta y divertirse. Si de repente ya no lo hago, pensarán que me he vuelto loco».

«Sí», respondo, «pero déjame preguntarte algo: si en verdad son tus amigos, ¿no se alegrarán de que el Dios del universo viva en ti y todos tus pecados hayan sido perdonados?

Después de todo, cuando vean el cambio en ti, quizás quieran lo mismo para sí.

16. Mis creencias son privadas.

Lo primero que pregunto es: «¿Por qué?», para descubrir qué hay bajo la superficie, y abordar *esa* objeción.

17. Muchos caminos llevan a Dios.

Cuando escucho esta objeción, asiento: «Tienes razón; todos los caminos llevan a Dios; pero el problema es el siguiente: ¿qué harás cuando llegues allí?, porque Dios te recibirá como tu Salvador o tu Juez. La Escritura afirma: "Para que en el nombre de Jesús se doble toda rodilla de los que están en los cielos, y en la tierra, y debajo de la tierra; y toda lengua confiese que Jesucristo es el Señor, para gloria de Dios Padre"» (Fil. 2:10–11).

18. No creo en Dios.

Esta objeción suele surgir solo al principio de la «Presentación para testificar de Jesús», y, entonces, pregunto: «¿Puedo mostrarte los pasajes bíblicos que me cambiaron la vida?». Me gusta mostrar las Escrituras porque, en general, el Espíritu Santo mueve el corazón y convence.

Sin embargo, a veces esta pregunta surge al final de la presentación. Si es así, pregunto: «Si te convencieras de que Dios existe, ¿estarías dispuesto a entregarle tu vida?».

Si la respuesta es afirmativa, indago: «¿Estarías dispuesto a pedirle a un Dios inexistente que te ayude a creer?».

Oramos juntos: «Dios, si eres real, ayúdame a creer».

Le pido que observe lo que sucede en la semana o el mes siguientes. Ponemos una fecha para volver a encontrarnos en unas semanas. Mientras espero, oro para que la verdad sea revelada a su vida.

Recuerdo que hace años, me entrevistaron para un periódico de Colorado Springs. El periodista, el Sr. Gray, quería escribir un artículo sobre mi vida antes de conocer a Cristo. Le fascinaba que yo visitara cárceles y prisiones para testificar sobre mi fe, en lugar de estar encerrado en una.

El Sr. Gray me llevó a una gran sala de juntas, y nos sentamos en mullidas sillas de cuero. Había llevado mi Biblia grande por si me fotografiaban: quería que se viera la cruz de la Biblia y demostrar qué había cambiado mi vida.

El Sr. Gray me dijo:

—Aclaremos algo, Sr. Fay. No creo en Dios, así que ni intente convertirme.

Sonreí.

—No podría convertirlo aunque quisiera.

Tomó su lápiz.

—A propósito, ¿*cómo* convierte a la gente?

Me costó contener la risa, porque sabía que era testigo de la obra de mi Padre. Contesté:

—En general, hago cinco preguntas.

—¿Qué preguntas?

Cuando llegué a la mitad, me detuvo y replicó: «Está intentando convertirme».

Así que dejé de hacer las «Preguntas para testificar de Jesús» y seguí con la entrevista. Me interrogó durante una hora y media. Cuando íbamos terminando, sentí que era mi oportunidad para contraatacar. Con mi expresión más agradable, pregunté: «¿Me permite mostrarle los siete pasajes bíblicos que me cambiaron la vida?».

Fíjate que no me entrometí; pedí permiso. El Sr. Gray tendría que haber sido realmente malo para negarse, después de todo lo que me había preguntado. Cuando me dijo que sí, le pedí que leyera los pasajes en voz alta, y le pregunté qué significaban para él. Observé cómo, a medida que obraba el poder de Dios, su fachada comenzaba a derretirse.

No aceptó a Cristo como Salvador ese día, pero seguimos viéndonos de vez en cuando. La última vez, me comentó: «Todavía recuerdo esos pasajes». No ha rendido aún su vida, pero Dios no ha terminado con él. Lo que quiero decir es que siempre tienes que estar listo para compartir la Escritura, pero nunca a la fuerza.

19. No creo que la resurrección haya ocurrido.

Cuando me encuentro con esta idea, aseguro: «Me alegra que sea tu único obstáculo, porque si algo hizo Dios por nosotros fue proporcionar una evidencia abrumadora de la resurrección. Es más, una de las mentes legales más conocidas de Estados Unidos, el Dr. Simon Greenleaf, destacado profesor de derecho en la Universidad de Harvard, escribió un volumen donde examinó el valor legal del testimonio apostólico sobre la resurrección de Cristo.

«Greenleaf concluyó que la resurrección de Cristo fue uno de los sucesos más respaldado en la historia, según las leyes de evidencia legal utilizadas en los tribunales de justicia».[2]

¿Sabías que Jeremías 29:13 afirma: «Me buscaréis y me hallaréis, porque me buscaréis de todo vuestro corazón»? Si quieres probar tu corazón ahora mismo, ¿por qué no inclinas la cabeza y oras: «Señor Jesús, si la resurrección fue real, ayúdame a creer».

Además, lee la historia en la introducción al capítulo 6, «Lleva a la decisión», o consulta la respuesta 19 del apéndice 3.

20. No estoy listo.

Si tu amigo alega que no está listo, pregunta: «¿Por qué?».

Lo más probable es que su razón le parezca tonta e ilógica incluso a él. En ese caso, responde: «¿Estás dispuesta a dejar que eso se interponga entre tú y Dios?».

Puede ser lo único que necesites decir para refutar su objeción. Si la persona indica que ahora está lista para invitar a Cristo a su vida, condúcela en oración.

No obstante, puede no resultar tan sencillo. Por ejemplo, en respuesta a tu «¿Por qué?», tu amigo puede replicar: «No estoy listo porque esta información es nueva para mí. Es una manera completamente distinta de pensar, y quiero calcular el costo».

Si esta es la respuesta, detén la presentación. Debes estar preparado para dejar a tu amigo a la soberanía y el control de Dios. Despídete así: «Disfruté este momento, y estaré orando por ti. ¿Podemos volver a hablar dentro de algunos días o semanas?».

No estarás presionando excesivamente y quizás te permita volver a hablar del tema en el futuro. Cosechar una falsa decisión por Cristo no sirve.

Al partir, no sientas que fracasaste. Quizás hayas plantado la semilla que, por gracia divina, brotará más adelante. Mientras tanto, sigue orando por tu amigo y busca otras oportunidades para volver a testificar.

Sé humilde y agradece, porque no fracasaste en predicarle el evangelio. Obedeciste a Cristo y, mientras tu amigo siga respirando, hay esperanza de que algún día esté listo para decidirse por Él.

21. No estoy seguro de mi salvación.

A veces te encontrarás con alguien que ha invitado a Cristo a su corazón con sinceridad, pero siente que no es salvo. En este caso, señala su reloj y comento: «Qué lindo reloj. Si lo perdieras, lo extrañarías cuando quisieras ver la hora. Pero si nunca lo hubieras tenido, no te preocuparía mirarlo ni perderlo.

»¿No es interesante que te preocupe no ser salvo? No puede inquietarte perder lo que no tienes. Seguramente, antes de invitar a Cristo a tu vida no te preocupaba que no estuviera en tu corazón. Para mí, tu inquietud es una confirmación maravillosa de tu salvación.

»Veamos Romanos 8:38-39: "Por lo cual estoy seguro de que ni la muerte, ni la vida, ni ángeles, ni principados, ni potestades, ni lo presente, ni lo por venir, ni lo alto, ni lo profundo, ni ninguna otra cosa creada nos podrá separar del amor de Dios, que es en Cristo Jesús Señor nuestro"».

Pregunto: «¿Qué significa para ti?».

Luego, voy a Efesios 1:13-14, y le pido que lea: «En él también vosotros, habiendo oído la palabra de verdad, el evangelio de vuestra salvación, y habiendo creído en él, fuisteis sellados con el Espíritu Santo de la promesa, que es las arras de nuestra herencia hasta la redención de la posesión adquirida, para alabanza de su gloria».

Añado: «Quiero que sepas, querido amigo, que apenas invitaste a Cristo a tu vida, fuiste salvo. Dios garantiza que un día estarás con Él en el cielo.

»La mayoría de los cristianos experimentan los mismos temores que tú. Debes dejarlos atrás para poder crecer en la fe. Descubrirás que leer la Biblia, orar y pasar tiempo con otros creyentes te ayuda a fortalecer tu fe. Déjame ayudarte a comenzar. ¿Puedo llevarte a la iglesia el próximo domingo?».

22. No puedo practicar el estilo de vida cristiano.

Frente a esto, respondo: «Me alegra que comprendas que es necesario un cambio. Pero a diferencia del pasado, ya no tendrás que cambiar solo. En Filipenses 4:13, asegura: "Todo lo puedo en Cristo que me fortalece".

»Dios quiere tu deseo, no tu capacidad. Quiere tu voluntad de hacerlo. ¿Deseas ahora seguir a Jesucristo como Señor?».

Si la respuesta es afirmativa, es hora de hacer la oración de entrega.

23. No soy lo suficientemente bueno.

Esta objeción se parece mucho a «Dios no puede perdonarme». Sin embargo, mi respuesta es diferente. Por ejemplo, cuando oigo esta objeción, en primer lugar pregunto: «¿Por qué?».

Tras escuchar, respondo: «Tenemos algo en común. No somos lo suficientemente buenos. Es un problema. Solo hay dos maneras de llegar al cielo: ser perfectos, sin cometer un solo pecado de palabra, obra o pensamiento, o nacer de nuevo.

»Puedo nacer de nuevo aceptando en mi corazón la obra completa y la persona de Jesucristo, que pagó el precio por mis pecados. Él tiene el poder de perdonarme gracias a Su nacimiento, Su muerte y Su resurrección. Solo cuando creo en Él y acepto Su perdón, puede borrar mis pecados pasados. Personalmente, lo acepto, porque nunca podré ser lo suficientemente bueno para alcanzar la perfección».

Efesios 2:8-9 expresa: «Porque por gracia sois salvos por medio de la fe; y esto no de vosotros, pues es don de Dios; no por obras, para que nadie se gloríe».

Me encanta llevar a quien objeta esto a Romanos 10:9-10: «Que si confesares con tu boca que Jesús es el Señor, y creyeres en tu corazón que Dios le levantó de los muertos, serás salvo. Porque con el corazón se cree para justicia, pero con la boca se confiesa para salvación».

A continuación, le muestro el versículo 13: «Porque todo aquel que invocare el nombre del Señor, será salvo».

Pregunto: «¿Te incluye esto a ti?».

Y dejo que el poder de la Escritura hable.

24. No soy pecador.

A veces, cuando compartes los «Pasajes para testificar de Jesús» y vas a Romanos 3:23, «Por cuanto todos pecaron…», tu amigo puede responder algo como:

Amigo:	No he cometido pecados. Nunca asesiné ni robé, ni hice nada que califique de pecado.
Tú:	*(No discutas ni intentes explicar el pecado, sino ve a Mateo 22:37.)* Lee esto en voz alta.
Amigo:	(Lee:) «Amarás al Señor tu Dios con todo tu corazón, y con toda tu alma, y con toda tu mente».

Tú:	¿Alguna vez amaste a Dios con todo tu corazón, tu alma, tu mente y tus fuerzas?
Amigo:	No.
Tú:	Esa es la definición de pecado.

25. Pertenezco a otra religión mundial.

Este es un ejemplo de cómo compartí mi fe con Lee, una joven budista japonesa que conocí en la iglesia. Se encontraba en Estados Unidos para estudiar el idioma y la cultura. Un domingo por la mañana, sentí que tenía que hablarle de mi fe, pero quería hacerlo con respeto y amor. Así que le pregunté:

—¿Te importa la verdad?

—Sí.

—Sé que tu familia y tu cultura te han dado distintas creencias que las mías. ¿Alguna vez escuchaste sobre el cristianismo?

—No, pero me gustaría.

—Lee, ¿quién te enseñó tu primera mentira?

—Nadie.

Allí me detuve y le conté la historia de Adán y Eva en el jardín del Edén; le expliqué cómo entró el pecado en el mundo y afirmé que todos los seres humanos tienen una naturaleza pecaminosa.

Sorprendida, respondió: «Yo también tengo una naturaleza pecaminosa».

Abrí la Biblia y le pedí que leyera los «Pasajes para testificar de Jesús» en voz alta. Cuando llegué al tercer versículo, me di cuenta de que estaba comenzando a comprender. Pero quise tener mucho cuidado. Cuando terminó, le comenté: «Lee, creo que tienes miedo de tu familia».

Ella comenzó a llorar, y no insistí en el tema. Pero me llevé una agradable sorpresa cuando, más tarde, esa mañana, fue la primera en responder el llamado desde el altar al finalizar el servicio de adoración.

Dios, en Su infinita sabiduría, ya sabía que Lee iría esa mañana, porque envió a otra creyente japonesa a la reunión. Esta hermana había orado para donar un vestido y una Biblia japonesa a alguien que los necesitara. Como imaginarás, tanto el vestido como la Biblia japonesa fueron perfectos para Lee.

26. ¿Por qué Dios permite que sucedan cosas malas?

Esta objeción puede parecer difícil de refutar, pero debes confiar en el Espíritu Santo. Recuerdo una vez que hablaba en un seminario frente a unos 600 adolescentes. Durante las reuniones, noté la reacción de una muchacha sentada en un lateral de la iglesia. En el receso, me dirigí directamente a ella, como una paloma mensajera. La saludé:

—Hola, ¿cómo te llamas?

—Me llamo Patty.

—¿Asistes siempre a esta iglesia?

—No.

—¿Ya encontraste al Señor Jesucristo?

Casi gritó su respuesta:

—¡No!

—¿Por qué, Patty? —respondí.

En los minutos siguientes participé de una reacción histérica y dolorosa como no había presenciado jamás en todos mis años de ministerio. Sin detenerse a respirar, Patty dijo: «¿Qué clase de Dios permitiría que mi padre abusara sexualmente de mí desde que nací hasta los diez años? ¿Qué clase de Dios dejaría que mi padrastro ocupara ese lugar desde los diez a los trece? ¿Qué clase de Dios consentiría que mi pastor me violara? ¿Qué clase de Dios dejaría que mis únicos amigos se quemaran vivos en un terrible accidente?».

Esto me hizo retroceder física y emocionalmente.

Luego, pensé en el ejemplo de Cristo, cuando los fariseos lo confrontaron con una pregunta difícil. En Juan 8:4-5, le dijeron: «Maestro, esta mujer ha sido sorprendida en el acto mismo de adulterio. Y en la ley nos mandó Moisés apedrear a tales mujeres. Tú, pues, ¿qué dices?».

Si aprobaba que la apedrearan, justificaría el asesinato, y si no lo hacía quebrantaba la ley judía. Ellos pensaron que al fin lo habían atrapado. Aprendí mucho de la respuesta de Cristo: dejó que los fariseos hablaran y, cuando terminaron, dio la vuelta a la conversación con una pregunta. En Juan 8:7, declaró: «El que de vosotros esté sin pecado sea el primero en arrojar la piedra contra ella».

En esencia, Jesús preguntó: «¿Y ustedes? ¿Acaso no han pecado?».

Tomé la respuesta de Jesús y la apliqué al caso de Patty. Con suavidad, le pregunté:

—Patty, ¿quién te enseñó a decir tu primera mentira?

Me miró entre las lágrimas y contestó:

—Nadie tuvo que enseñarme.

—Tienes razón. ¿Recuerdas la historia sobre el jardín de Adán y Eva? Antes de desobedecer a Dios, el jardín era perfecto. Nadie violaba a nadie. No había mal, porque no existía el pecado. Cuando Adán y Eva desobedecieron a Dios, el pecado entró en el mundo y en nosotros. Ahora vivimos en un mundo caído donde también estamos caídos. Por eso, nadie tuvo que enseñarte a mentir. Ser interesados y egoístas es parte de nuestra naturaleza y de la maldición adámica. Pero esto no responde a tu pregunta más difícil. ¿Por qué Dios no evitó que esos hombres te lastimaran? ¿Por qué no protegió a tus amigos del fuego? Puedo responderte si me das permiso. Pero no te gustará la respuesta.

—Continúa.

—Lo desconozco, pero sí sé lo siguiente: puedes transitar el resto de tu vida sola en tu dolor, o escoger aferrarte a una mano con las cicatrices de la cruz.

Entonces, Patty se arrodilló ante el altar. Tras hacer la oración de entrega, continuó: «Dios, si tú puedes perdonar a todos los hombres que me violaron, te prometo una cosa: un día, yo también lo haré».

¡Vaya! Lo hermoso de la oración de Patty es que fue forjada por el Espíritu Santo, nuestra fuente de poder. A través de Él podemos afrontar esta pregunta difícil con una respuesta sincera.

27. ¿Qué sucede con los que nunca escuchan el evangelio?

Linda tuvo la oportunidad de presentar el evangelio a un viejo amigo. Este le preguntó:

—¿Y qué sucede con los que jamás tienen la oportunidad de escuchar el evangelio?

—Ese no es tu caso, ¿no?

—No.

—Quizás la pregunta sea: Según la Biblia ¿qué les sucederá a los que sí lo escucharon y no respondieron?

—Irán al infierno —contestó Stuart.

—Tú has escuchado el evangelio. ¿Responderás?

Asintió. Y con gran gozo, Linda observó cómo su amigo recibía a Cristo como Salvador.

28. Quiero pensarlo primero.

Recuerdo una vez que prediqué en la iglesia de un pueblecito al norte de Colorado. El pastor me pidió que me quedara en la puerta trasera de la iglesia para saludar a las personas a la salida. Se me acercó un granjero. Le pregunté:

—¿Cómo le va esta mañana?

—Bien.

—¿Conoce al Señor?

—No.

Todavía sostenía la mano de aquel hombre fornido. Él tiraba para marcharse, y yo para retenerlo.

—¿Por qué no, señor?

—No lo sé. Supongo que quiero pensarlo primero.

—Me escuchó predicar. Si se muere, ¿adónde irá?

—Al infierno.

—Entonces que tenga un buen día, señor.

Unos días más tarde, Floyd fue a casa del pastor. Ya no podía soportarlo más. La idea del infierno se había hecho real para él, y estaba listo para entregar su vida a Jesucristo. El pastor me llamó para celebrarlo.

29. Seguramente te crees mejor que yo.

Me gusta advertir: «En primer lugar, no soy mejor que nadie; simplemente, estoy mejor. Como todos, había transgredido los mandamientos y las leyes de Dios, y estaba condenado al infierno. Pero por Su gracia y Su amor incondicional, Dios envió a alguien a mi vida para hablarme de Jesús. Entonces pude comprender cuán sucio estaba en la presencia de un Dios santo. Le pedí a Dios que me perdonara, y lo hizo. No significa que sea mejor que tú, sino que mis pecados han sido perdonados. Ahora te doy la misma oportunidad que me dieron a mí».

30. Siempre creí en Dios.

Cuando oigo este argumento, me gusta responder: «El diablo cree en Dios; es más, incluso lo ha visto. Santiago 2:19 leemos: "Tú crees que Dios es uno; bien haces. También los demonios creen, y tiemblan"».

Pregunto: «¿Acaso tú eres diferente? ¿Te gustaría recibir a Jesús como tu Salvador?».

31. Soy judío.

Cuando alguien manifiesta: «No puedo creer en Jesús», yo pregunto: «¿Por qué?». Verás, el problema no es si puede o no, sino que quiera o no. En cuanto a la identidad de Jesús, Josh McDowell, autor de *More Than a Carpenter* [Más que un carpintero], señala que tenemos solo tres opciones: «Jesús es el Señor, un mentiroso o un lunático».[3]

Lo primero que hago con esta persona es intentar descubrir si es un judío cultural o religioso. Pregunto: «¿Asistes a la sinagoga?».

La mayoría de las veces me contestan que no. Entonces, asevero: «Creo que Jesús es el Cristo, quien afirmó ser. Sé que no es un mentiroso, porque jamás pecó. Evidentemente no es un lunático, porque su vida y sus enseñanzas demuestran que era brillante, equilibrado y amoroso con los demás. Por tanto, solo puedo creer que es el Señor. Sus propias palabras declararon: "Yo y el Padre uno somos" (Juan 10:30).

»Además, los judíos sabían perfectamente quién afirmaba ser Jesús, porque, cuando en Juan 8:58 declaró: "Antes que Abraham fuese, yo soy", quisieron apedrearlo».

Los judíos sabían qué estaba citando cuando Dios se presentó a Moisés: «YO SOY EL QUE SOY […]. Así dirás a los hijos de Israel: YO SOY me envió a vosotros» (Ex. 3:14).

Me gusta señalar la identidad de Cristo. Es una excelente manera de quitar hierro a un tema polémico. Si podemos probar que Jesús es en verdad Jehová Dios, el resto es sencillo.

Cuando conozco a un judío religioso, primero le recuerdo que el judaísmo es la raíz de mi cristianismo. Por supuesto, para los judíos, los problemas son que Jesús es el Mesías y que se levantó de entre los muertos. Pregunto: «Si cualquiera de estas dos cosas fuera verdad, ¿considerarías tener una relación personal con Jesús para completar tu fe judía?».

A menudo, invito a la persona a visitar una congregación mesiánica. De esta manera, la adoración le resultará familiar, y escuchará el testimonio de otros judíos que descubrieron al verdadero Mesías, Jesús.

¿Recuerdas cuando le pregunté a mi amigo si asistía a alguna sinagoga? Lo hice para distinguir si hablaba con judío cultural o practicante. Si es lo segundo, sigo con mi presentación: «¿Alguna vez te preguntaste por qué Jesús afirmó ser Dios?».

Entonces, lo llevo a Isaías 53 y le pido que lea los versículos 1-12 en voz alta.

«¿Quién ha creído a nuestro anuncio? ¿y sobre quién se ha manifestado el brazo de Jehová?

Subirá cual renuevo delante de él, y como raíz de tierra seca; no hay parecer en él, ni hermosura; le veremos, mas sin atractivo para que le deseemos.

Despreciado y desechado entre los hombres, varón de dolores, experimentado en quebranto; y como que escondimos de él el rostro, fue menospreciado, y no lo estimamos.

Ciertamente llevó él nuestras enfermedades, y sufrió nuestros dolores; y nosotros le tuvimos por azotado, por herido de Dios y abatido.

Mas él herido fue por nuestras rebeliones, molido por nuestros pecados; el castigo de nuestra paz fue sobre él, y por su llaga fuimos nosotros curados.

Todos nosotros nos descarriamos como ovejas, cada cual se apartó por su camino; mas Jehová cargó en él el pecado de todos nosotros.

Angustiado él, y afligido, no abrió su boca; como cordero fue llevado al matadero; y como oveja delante de sus trasquiladores, enmudeció, y no abrió su boca.

Por cárcel y por juicio fue quitado; y su generación,

¿quién la contará? Porque fue cortado de la tierra de los vivientes, y por la rebelión de mi pueblo fue herido.

Y se dispuso con los impíos su sepultura, mas con los ricos fue en su muerte; aunque nunca hizo maldad, ni hubo engaño en su boca.

Con todo eso, Jehová quiso quebrantarlo, sujetándole a padecimiento. Cuando haya puesto su vida en expiación por el pecado, verá linaje, vivirá por largos días, y la voluntad de Jehová será en su mano prosperada.

Verá el fruto de la aflicción de su alma, y quedará satisfecho; por su conocimiento justificará mi siervo justo a muchos, y llevará las iniquidades de ellos.

Por tanto, yo le daré parte con los grandes, y con los fuertes repartirá despojos; por cuanto derramó su vida hasta la muerte, y fue contado con los pecadores, habiendo él llevado el pecado de muchos, y orado por los transgresores».

Le pregunto: «¿A quién crees que se describe aquí?».

Y luego: «¿Por qué crees que muchas sinagogas no permiten leer este capítulo de Isaías?».

A continuación hago otra pregunta difícil, pero que lleva a la reflexión: «¿Sabes por qué ya no se hacen sacrificios en el templo?». Espero su respuesta, y continúo: «¿Podría ser porque Jesús es el cordero inmolado de Dios?».

No insisto más. Mi objetivo es tener una charla cálida y amistosa que lleve a otras conversaciones. Si el otro se muestra interesado en saber más, lo invito a visitar a un pastor mesiánico de la zona, alguien que sabrá mucho más sobre el Antiguo Testamento que yo. Otro judío comprenderá mucho mejor la cultura y los sentimientos de mi amigo.

A la hora de testificar de Cristo con alguien de la fe judía, me veo como examinador o filtro, y tengo la libertad de remitir a mi amigo a un experto. Tú también deberías sentirte libre de pedirle ayuda a un pastor o un creyente judío.

Si compruebo que mi amigo no asiste a la sinagoga y es lo que yo llamo un judío «secular», le presento los mismos pasajes sobre Cristo usados en la respuesta a la objeción 12: «¿Las sectas son la respuesta?».

32. Soy una buena persona.

Me gusta un dicho que reza: «El hombre que solo cree en sí mismo vive en un mundo sumamente limitado».

Cuando alguien alega: «Soy una buena persona», le respondo con toda la educación posible:

—¿Según qué medida?

—¿Qué quiere decir?

—Déjame darte un ejemplo. ¿Has cometido algún asesinato?

—No.

—Veamos la definición de Dios. ¿Alguna vez te enojaste, insultaste a alguien o le hiciste un ademán exasperado a otro en la autopista? Si es así, según la medida de Dios, eres un asesino.

Antes de que la persona pueda contestar, sigo adelante: «¿Alguna vez miraste al sexo opuesto con lujuria?».

No le doy la oportunidad de responder. Digo: «Por cierto, si contestas que no, sé que mientes. Según la medida de Dios, si has mirado con lujuria eres culpable de adulterio. ¿Antepusiste alguna vez una relación, un trabajo o un pasatiempo a una relación con Dios? Si lo hiciste, esas cosas se transformaron en ídolos.

»Debido a la santidad de Dios, es imposible estar a la altura de su medida de perfección. Como Él es juez y jurado, tenemos que ganar Su aprobación. Es más, la Escritura declara: "Porque cualquiera que guardare toda la ley, pero ofendiere en un punto, se hace culpable de todos" (Sant. 2:10).

»Quiero que sepas que yo también he sido culpable. La diferencia es que encontré perdón en Jesús. ¿Te interesa esa clase de perdón?».

33. Un cristiano me hirió.

Jeannie se quejó: «Todos los cristianos que conozco son maleducados y me molestan para intentar convertirme. Cuando no respondo como quieren, se arruina nuestra amistad. Siento que me desprecian».

Al oír algo así, contesto: «Lo lamento mucho. ¿Aceptarías mis disculpas en nombre de quienes te lastimaron así?».

Por favor, comprende que aun desconociendo la validez de su percepción, lo importante es que para ella es real. Por tanto, cuando traspaso la superficie y llego a la herida, manifiesto: «Lamento que tu padre fuera un legalista o que algún cristiano enojado quisiera imponerte el evangelio. Te pido perdón por ellos. Jesús no habría querido que te sucediera algo así».

A veces pregunto a gente como Jeannie: «¿Alguna vez te equivocaste en el intento de amar a alguien? Tenías buenas intenciones, pero todo salió mal. ¿Crees que por su deseo de que conocieras a Jesús, tu amiga pudo equivocarse en la manera de explicar las cosas?».

¿Ves cómo siempre hago preguntas? Nunca discuto. Además, cuando permites la hostilidad del otro, esta desaparece. Puede responder: «Quizás tengas razón sobre mi amiga, pero algunos cristianos parecen sumamente cerrados y enojados».

«¿Sabes? Ya estás de acuerdo con Jesús en algo —respondo—. Él tampoco aprueba esa conducta. A propósito, ¿quién es Jesús en tu opinión?».

34. Ya lo intenté y no funcionó.

Lo primero que intento afirmar es si la persona ha sido salva o no. Pregunto: «¿Qué intentaste?».

Después de todo, no lo sé. ¿Intentó caminar hacia el altar o cantar una canción? Quiero que me lo explique.

En general, me contesta algo como: «Una vez intenté orar, ya sabes, invitar a Cristo a mi vida. Nada sucedió».

Lo miro a los ojos y afirmo: «Tiene sentido lo que argumentas. Déjame hacerte una pregunta. Cuando oraste, ¿lo hiciste de corazón?».

Un 60% de las veces, la persona contesta: «Bueno, creo que sí», pero parece insegura.

Entonces, pregunto: «Cuéntame cómo fue el momento de entregar tu vida a Cristo».

Quizás te sorprendan lo ridículos que pueden parecer sus «testimonios». Por ejemplo, recuerdo una vez que estaba con un pastor de una denominación importante. No puedes preguntarle a un pastor si es salvo, claro está, así que inquirí: «Pastor, dígame, ¿cómo llegó a tener una relación con Dios?».

Me contestó: «Hijo, iba en el automóvil un día, escuché el trino de los pájaros, y supe que conocía a Dios».

En esta clase de testimonio, algo anda mal. En otras palabras, ¿lo que relata tu amigo da testimonio de lo que enseña la Escritura? Si no, responde: «¿Puedes mirar a Dios a los ojos y decirle que has nacido de nuevo?».

Si replica que no, prosigue: «Tomemos un minuto y veamos algunos pasajes bíblicos. Léelos en voz alta, y dime lo que significan». Pero *si confirma que sí*, pide permiso para repasar los siete «Pasajes para testificar», y hazle las cinco «Preguntas de compromiso» para ayudarle a comprender mejor el evangelio.

35. ¿Y qué sucede con mi familia?

En el capítulo 3, ver el temor número 5: «Temo perder a mis amigos y mis parientes», o ver la respuesta 35 del apéndice 3.

36. Yo soy Dios.

Hoy día, muchos creen ser Dios, y esto proviene de las religiones orientales. Me gusta proponerles: «Necesito un auto nuevo. ¿Podrías crearme uno? Sin duda, un Dios todopoderoso como tú puede hacerlo».

Entonces, recomiendo que lean los siguientes pasajes bíblicos en voz alta. Después de la lectura de cada pasaje, pregunto: «¿Qué significa para ti?».

- «No tendrás dioses ajenos delante de mí» (Ex. 20:3).

- «Cambiaron la verdad de Dios por la mentira, honrando y dando culto a las criaturas antes que al Creador, el cual es bendito por los siglos. Amén» (Rom. 1:25).

- «El cual nos ha librado de la potestad de las tinieblas, y trasladado al reino de su amado Hijo, en quien tenemos redención por su sangre, el perdón de pecados. Él es la imagen del Dios invisible, el primogénito de toda creación. Porque en él fueron creadas todas las cosas, las que hay en los cielos y las que hay en la tierra, visibles e invisibles; sean tronos, sean dominios, sean principados, sean potestades; todo fue creado por medio de él y para él. Y él es antes de todas las cosas, y todas las cosas en él subsisten» (Col. 1:13-17).

Recuerda señalar que este pasaje demuestra que solo Dios es Dios. No es todas las cosas; es el Creador en quien todas las cosas subsisten. Además, puedes indicar: «Yo no soy Dios, pero Él vive en mí. ¿Te gustaría que Dios estuviera dentro de ti?».

Resumen

Repasemos cómo manejar una objeción:

Tú:	¿Estás listo para invitar a Jesucristo a tu vida?
Amigo:	No.
Tú:	¿Por qué?
Amigo:	No estoy listo.
Tú:	¿Por qué?

La respuesta de tu amigo te preparará mejor para responder a su objeción. Para un breve repaso de las objeciones anteriores y sus respuestas, ver el apéndice 3.

Capítulo 9

CÓMO DESARROLLAR Y MANTENER AMISTADES CON NO CREYENTES

¿Por qué deberías volver al mundo a compartir tu fe con los que aún no creen? Son felices y no quieren que los molesten, ¿verdad? Es cierto, puede parecer que al mundo caído no le interesan las buenas nuevas, pero no dejes que te engañen las apariencias. Hay muchas razones por las que deberías testificar a otros.

- **Cristo murió por ellos**

Romanos 5:8 declara: «Mas Dios muestra su amor para con nosotros, en que siendo aún pecadores, Cristo murió por nosotros».

Es una buena noticia, porque nosotros también estábamos caídos. Dios no solo nos amó igual, sino que también murió por nosotros, por nuestros amigos, familiares, compañeros de trabajo y conocidos que no son salvos.

- **Él también los ama.**

Lucas 19:10 afirma: «Porque el Hijo del Hombre vino a buscar y a salvar lo que se había perdido». Es otra razón para alcanzar al mundo. En Mateo 9:36-38, podemos ver con claridad que el corazón de Jesús se inclinaba a las multitudes: «Y al ver las multitudes, tuvo compasión de ellas; porque estaban desamparadas y dispersas como ovejas que no tienen pastor. Entonces dijo a sus discípulos: A la verdad la mies es mucha, mas los obreros pocos. Rogad, pues, al Señor de la mies, que envíe obreros a su mies».

- **Necesitan con desesperación a Cristo**

Jesús sigue amando a las multitudes. Pueden ser aún más grandes, pero necesitan lo mismo: al Buen Pastor, Su amor, Su perdón, Su compasión y Su ayuda.

Muchos se ahogan en matrimonios rotos, en las drogas, el alcohol, la soledad y la falta de propósito. Su soledad es un vacío con forma de Dios que solo puede llenarse con una relación con Él. No importa si se trata de una persona con un traje costoso detrás de un escritorio de caoba, una mujer de negocios que parece tan «plena», una joven madre, un adolescente o un estudiante… los que no tienen a Cristo están vacíos.

- **Nos llamó a ser «pescadores de hombres»**

¿Acaso no fuimos llamados a pescar hombres? En Mateo 4:19 encontramos: «Y les dijo: Venid en pos de mí, y os haré pescadores de hombres».

Un «pescador de hombres» es alguien que arroja un salvavidas a los que se están ahogando en el mar. En realidad, el no cristiano anhela con desesperación que la verdad del amor y la salvación de Dios lo rescate.

Necesitamos tener amigos no creyentes

Dios nos llama a poner la mano en el arado. Nunca experimentarás el gozo de testificar de tu fe si vives aislado del mundo y tus únicos amigos pertenecen a tu cómodo grupo de estudio bíblico, las reuniones de los miércoles por la noche en la iglesia, la escuela dominical, los picnics, retiros y recitales cristianos, y los eventos para quienes estudian desde casa. Tu vida se secará si ignoras el llamado para trabajar en Sus campos. Perderás la sensación de vitalidad que surge de obedecer la Gran Comisión.

Dios no te llamó a esconderte del mundo, sino a ir a él. Después de todo, el mundo no puede conocer a Jesús si mantenemos su identidad en secreto. Tenemos que salir y contar quién es Él. Recuerda Romanos 10:15: «¡Cuán hermosos son los pies de los que anuncian […] buenas nuevas!».

Mateo 28:19 nos recuerda que tenemos que «ir y hacer discípulos». Es imprescindible que vayamos: no se puede hacer discípulos a distancia.

El mensaje de las buenas nuevas de Jesús repercute de un corazón a otro. Este efecto dominó llegó a nuestra vida y puede alcanzar a otros. Si obedeces, la eternidad se expandirá para incluir a quienes reciban las buenas nuevas por tu llamado divino.

No es una coincidencia

Dios envía muchas personas a mi vida. Algunas están solo un momento; otras, meses o incluso años. Quizás Dios me use como canal para mostrarles las buenas nuevas de Su Hijo. Por eso, creo que su presencia en mi vida no es ninguna coincidencia.

Estaba enseñando cómo testificar de Jesús sin temor en una conferencia para una asociación legal cristiana. Hacia el final del segundo día, un hombre llamado Larry Kelly se me acercó y me comunicó: «Todas mis dudas se han esfumado».

No tenía ni idea de lo que estaba hablando.

—¿Qué quiere decir, señor?

—Estoy listo.

—¿Para qué?

—Quiero entregarle mi vida a Jesús.

Me sorprendió. Después de todo, era una conferencia para cristianos comprometidos. —¿Cómo llegó aquí? —pregunté.

Larry me contó su historia.

—Hace una semana aproximadamente, tuvimos una feroz tormenta de nieve. Mi oficina permaneció cerrada, así que decidí desocupar el sótano para que mi hijo tuviera su propia habitación.

»Mientras trabajaba, sentí una persistente inquietud sobre la existencia de Dios. Llevé una pila de libros arriba y uno cayó sobre el rellano. Cuando lo recogí, me sorprendió ver que era un libro sobre Jesús. Ni siquiera sabía que tenía ese libro. Allí mismo, decidí leerlo de principio a fin.

»Cuando terminé, estaba aun más confundido. Entonces, recordé que había una librería cristiana cerca de mi casa. Así que allí fui, en medio de la tormenta.

»Cuando llegué, Bruce, un vendedor, se sorprendió de verme en semejante día. Como era su único cliente, tuvimos tiempo para charlar. Le pregunté si tenía algún libro sobre la duda. No tenía, pero comenzó a darse cuenta de que era un incrédulo con muchas inquietudes. Cuando descubrió que era abogado, me comentó de esta conferencia cristiana de derecho que se celebraría a unos 130 km (80 millas) de nuestra ciudad. Qué coincidencia, porque un cliente ya me había hablado al respecto. Aun así, casi no vengo, pero mi esposa me convenció a último momento. Así que aquí estoy».

¿No te encanta la manera en que Dios obra? Veamos la lista de supuestas coincidencias. En primer lugar, cuando Larry comenzó a preguntarse sobre Dios, el libro indicado cayó de la pila. Luego, sus amigos le hablaron de la conferencia, y también el vendedor de la librería. Larry vino y encontró al Señor. Por «coincidencia», yo conocía una iglesia bíblica cerca de su casa, así que lo conduje allí. Ahora se reúne con otros 70 hombres en un estudio bíblico. Sigue creciendo en la fe.

Nunca ignores la coincidencia de las personas que Dios ha puesto en tu camino, sino busca maneras de fomentar relaciones, y luego puedes construir un puente usando la «Presentación para testificar de Jesús».

Cómo construir relaciones

Hay muchas maneras de construir relaciones. Solo nos limitan nuestra creatividad y nuestro deseo de agradar a Dios.

- **Conocer a los vecinos**

Por desgracia, hay una falta de sentido de comunidad en muchos vecindarios. Quizás podrías ayudar a remediarlo realizando una caminata por tu vecindario para presentarte. Podrías contactar al departamento de policía local para averiguar cómo organizar un programa de vigilancia entre vecinos. Cuando se reúnan en tu casa, quizás incluso en forma personal, podrías abrir paso al evangelio comentando que el ladrón viene a hurtar, pero Jesús vino a traer vida eterna. También podrías pedirle a la policía local que patrocine una fiesta para niños, donde se tomen las huellas digitales y se saquen fotografías.

- **Peticiones de oración**

Mientras caminas por tu vecindario, comparte con quienes te encuentres: «Soy una persona que ora mucho, y he traído mi cuaderno para anotar sus peticiones de oración. ¿Necesitan que ore por algo?».

Más adelante, cuando vuelvas a salir a caminar, quizás quieras detenerte a preguntar: «Quería saber si ya hubo respuesta a mi oración».

Si es así, tu vecino podría estar listo para responder las cinco «Preguntas para testificar de Jesús». Si no, lo importante es que estás construyendo una relación.

- **Fiesta de videos**

Otra idea: la próxima vez que veas a tu vecino con su esposa, dile: «Hola, John, sé que te importa mucho tu matrimonio. El martes que viene nos reuniremos en mi casa a comer algo dulce y ver un video sobre cómo mejorar nuestros matrimonios. Solo dura media hora. ¿Pueden venir?».

No creo que el hombre se atreva a decir que no, en especial delante de su esposa.

- **Fiesta de historias**

También puedes usar la técnica de *Tupperware* para invitar a tus vecinos a festejar la primavera, el día de los enamorados, o lo que sea. El propósito de la celebración será sentarse juntos y permitir que cada uno cuente historias.

Si Navidad está cerca, puedes pedirles a todos que compartan su momento navideño más importante. Que una pareja (que quizás no pertenezca al vecindario) se levante durante cinco minutos y hable del verdadero significado de la Navidad.

Entrega tarjetas para que tus invitados anoten sus nombres y números telefónicos. A continuación, propón: «Si a alguno le interesa descubrir el verdadero significado de la Navidad, que haga una marca en la tarjeta antes de dármela».

También puedes entregar un regalo navideño adelantado: un sobrecito que contenga un folleto sobre el evangelio. Puedes sugerir que lean la última parte sobre cómo tener una relación con Cristo.

Más adelante, si alguno de tus vecinos marca la tarjeta, llámalo para preguntarle si puedes visitarlo y charlar. Lleva tu Biblia/ Nuevo Testamento para testificar con las «Preguntas para testificar de Jesús», y presenta el evangelio. Si tus vecinos responden, pregúntales si pueden realizar la próxima reunión en su casa.

Así podrán invitar a distintos vecinos, familiares y amigos que tú no podrías alcanzar. Al igual que las fiestas de *Tupperware*, estas reuniones amistosas pueden seguir viajando a hogares por toda la comunidad. En una ciudad de Texas, se llegó a 150 personas mediante un programa de alcance en el vecindario. Todavía se juntan en un lugar de recreo y están buscando pastor.

- **Intereses especiales**

Puedes construir relaciones mediante intereses en común, pasatiempos, actividades deportivas, aeróbic, círculos de costura y ligas de bolos.

- **Actos de amabilidad**

Una buena obra es como la electricidad: puede ayudar a que otro vea la luz. Una de mis maneras favoritas de impactar en otros es sacar con mi pala la nieve de la acera de mis vecinos. Cuando vuelven a casa, cansados del trabajo, no pueden creer que ya esté todo limpio. Con un poco de creatividad, puedes pensar en otras formas de servir a tu familia, tus amigos y tus vecinos.

- **Fiesta de barrio**

En un vecindario grande, puedes compartir tu fe con eficacia al organizar una fiesta de barrio. No es necesario gastar mucho dinero. Es una oportunidad para hacer que la gente se interese en el vecindario y en la iglesia. Hace poco, cientos de personas asistieron a una parrillada de barrio organizada por la iglesia. Los miembros de la iglesia se mezclaron entre la multitud y compartieron la «Presentación para testificar de Jesús sin temor». Como resultado, 238 personas se entregaron a Cristo.

Puedes conseguir un libro sobre cómo organizar esta clase de evento, llamado *The Evangelistic Block Party* [La fiesta de barrio evangelizadora] de la *North American Mission Board* [Junta norteamericana de misiones] llamando al 1-800-233-1123. Si te interesa planear este u otra clase de evento para tender puentes para el evangelio, quizás quieras contactar a Tim Knopps en el *Timothy Ministry Institute* [Instituto ministerial Timoteo] llamando al 405-478-2185 en Estados Unidos, o escribiendo a 11311 Gold Leaf Lane, Oklahoma City, OK 73131-3258.

- **Servicio comunitario**

Quizás quieras hacer que tu iglesia participe y conozca a la comunidad. El grupo de la escuela dominical o el de jóvenes podría ir a un centro comercial a lavar los parabrisas de los autos. Puedes dejar una nota que diga: «Limpiamos tus ventanillas porque Dios te ama». Recuerda anotar el nombre de la iglesia.

- **Viejos amigos**

Si tienes un viejo amigo con quien nunca hablaste del evangelio, y el Espíritu Santo te trae convicción, llámalo. Coméntale: «Necesito hablarte de algo sumamente personal. ¿Cuándo nos podríamos encontrar?».

Escojan un lugar donde nada los moleste, sin niños que distraigan, ni esposos que se pregunten cuándo estará lista la cena. Simplemente, planea un momento privado entre amigos.

Comienza la conversación pidiendo disculpas. «¿Sabes? Tengo que pedirte perdón. Nunca te hablé de lo más importante en mi vida. No te dije cómo puedes tener una relación personal con Jesucristo, y quiero que sepas que lo lamento muchísimo».

La mayoría de las veces, tu amigo intentará ayudarte diciendo algo como: «No tienes por qué pedirme disculpas...».

Insiste: «Sí, debo hacerlo, porque si hubieras muerto antes de nuestro encuentro, sabría adónde estás y no podría perdonármelo, porque te quiero mucho. Necesito y quiero compartir contigo cómo podemos estar juntos para siempre. Quiero mostrarte cómo tener una relación personal con Jesucristo».

A continuación, haz las cinco «Preguntas para testificar de Jesús», y luego muéstrale a tu amigo los «Pasajes bíblicos para testificar».

- **Vuelve a conectarte con personas del pasado**

¿Cómo puedes volver al pasado? ¿Hay relaciones que han quedado estropeadas, heridas u ofendidas? Lo primero que tienes que hacer es esperar el momento indicado por Dios.

He aprendido una manera sencilla de reconocer cuándo Dios ha decidido que es hora de escribir una carta, realizar una llamada telefónica o establecer contacto personal. Lo hago cuando me viene a la mente un nombre del pasado.

Las personas me preguntan: «Bill, ¿no sería mejor que esperaras y oraras primero?».

Respondo: «Oro al respecto, pero no espero ya que me pregunto por qué ese nombre no me vino a la mente antes».

Siento que Dios lo puso en mis pensamientos, por el poder del Espíritu Santo, porque es momento de actuar. De inmediato, oro y me preparo para la acción.

Como cuando el Señor trajo a mi mente el nombre de Thomas, un abogado que una vez me llevó a juicio. Habían pasado años desde nuestro primer encuentro, y me preguntaba qué le habría pasado. Oré al respecto, lo llamé y le pregunté si estaría dispuesto a almorzar conmigo.

Sabía que Thomas me había seguido la pista, porque había sido un caso de alto perfil. Sabía que esto redundaría en mi favor por el giro tan drástico de mi vida.

Me reuní con Thomas y le conté lo que había sucedido en mi vida. Le agradecí por ser parte del plan de Dios para darme la sacudida que me ayudaría a empezar mi travesía para encontrar a Jesús.

En otras palabras, le conté mi testimonio, y, aunque no respondió, tuve el privilegio de plantar una semilla.

Varios años más tarde, el nombre de Thomas me vino a la mente, así que lo llamé y fuimos a almorzar. Esta vez, fue con Meredith, su novia cristiana. Supongo que la llevó para que me examinara o para disfrutar del almuerzo, porque sabía que tendríamos mucho en común. Una vez más, le recordé su necesidad del Salvador. Nada pareció suceder.

Sin embargo, Meredith iba a una iglesia donde yo tenía que predicar, así que invitó a Thomas a acompañarla. Unas semanas más tarde, asistió a la presentación y volví a verlo. Para probar las aguas, le pregunté: «¿Ya tienes alguna clase de creencia espiritual?».

Soltó una risita y contestó: «Ya sabes la respuesta».

Mi corazón dio un brinco. «Tienes que decírmelo».

«Le entregué mi corazón a Jesús».

Mi grito se podría haber escuchado desde el otro lado del país.

Así que, como verás, el momento indicado por Dios fue perfecto. Él puede usar el pasado para enlazar el futuro.

- **El lugar de trabajo**

Una persona sabia dijo una vez: «La fe de alguien no se juzga por lo que afirma, sino por lo que hace al respecto».

Tus compañeros de trabajo te observan, y espero que tu integridad y tu ética de trabajo sobresalgan como una estrella fugaz. Tus compañeros verán si te esfuerzas, si eres ordenado y no malgastas el tiempo o los recursos de la empresa.

A menudo, me preguntan en los seminarios sobre cómo testificar en el trabajo, y afirmaré algo sorprendente: no creo que debas testificar en el trabajo, punto. Si tu jefe te paga dos dólares la hora, no quiere que uses ese tiempo para hablar de tu fe.

El entrenador Dave Nicholl comenta: «Siempre testifico en mi propio tiempo. Intento honrar a Dios siendo el mejor profesor y entrenador posible. Mi ética de trabajo y mi compromiso con los demás me dan la oportunidad de construir relaciones. Cuando testifico a estudiantes y sus familias, lo hago en mi propio tiempo».

Dave es consecuente. No deberías usar el tiempo de la empresa para testificar. Sin embargo, hay una diferencia entre preparar y testificar. Ya aprendiste a preparar a un no cristiano haciéndole las cinco «Preguntas para testificar de Jesús». Solo te lleva un momento. Puedes prepararlo en cuestión de segundos durante un receso para el café o una conversación en el pasillo.

Cuando un compañero de trabajo expresa interés por conocer más, pónganse de acuerdo para cenar o almorzar juntos, ir a un estudio bíblico o a la iglesia.

Si eres el jefe, estás en un puesto administrativo o diriges una oficina, como la de un médico, debes tener muchísimo cuidado, porque las personas percibirán tu autoridad sobre ellas.

Querrás aprovechar el Espíritu Santo, no tu autoridad. Esto significa que debes escuchar con cuidado los indicios que te den tus empleados. Por ejemplo, cuando alguien te confiesa en confianza: «Me va mal en la vida», «no sé qué hacer», «estoy enojada con mi esposo», «mi adolescente me vuelve loco», «nunca puedo reponerme», o «mi madre se está muriendo». Además, puedes observar el lenguaje corporal. Tal vez uno de los empleados mira constantemente al vacío, o parece estar alterado, enojado o indiferente. Estas señales pueden ser una oportunidad para que te acerques y le preguntes: «¿Estás bien?».

Si el empleado decide descargarse y compartir su dolor, escucha con atención. Quizás tengas la oportunidad, con mucho tacto, de explicarle: «¿Sabes? Yo también he tenido muchos problemas, y encontré una solución para mi dolor».

Si te pregunta sobre ello, tienes permiso para testificar. Yo lo haría rápido y con discernimiento.

Hablaremos con más detalle sobre este tema en el capítulo 11.

- **Sé amable**

Es sumamente importante ser amables con los demás. Toma en serio la exhortación de Jesús: «Todas las cosas que queráis que los hombres hagan con vosotros, así también haced vosotros con ellos» (Mat. 7:12).

En otras palabras, busca maneras de servir a otros y, a toda costa, controla tu genio. Si llegaras a descontrolarte, no seas orgulloso y pide perdón, porque cuando extiendes la mano en amor, otros pueden ver la luz. Jesús declaró en Mateo 5:14-16: «Vosotros sois la luz del mundo; una ciudad asentada sobre un monte no se puede esconder. Ni se enciende una luz y se pone debajo de un almud, sino sobre el candelero, y alumbra a todos los que están en casa. Así alumbre vuestra luz delante de los hombres, para que vean vuestras buenas obras, y glorifiquen a vuestro Padre que está en los cielos».

- **Un amigo que sufre**

A menudo, por desesperación, soledad, o por tener pocos conocidos con quiénes hablar, las personas están dispuestas a hablar abiertamente sobre sus problemas. Cuando esto sucede, lo primero que debemos hacer es escuchar, porque el principio detrás de esto es el amor. No solo atendemos a lo que el otro relata, sino también a la voz de Dios; prestamos oído para descubrir la mejor manera de amar a esta persona. Cuando alguien habla de una herida, debemos tener cuidado de no arrojar al pasar un versículo bíblico y un rápido «oraré por ti».

Cuando prometemos «oraré por ti», también tendríamos que ofrecer respuestas como «eso debe haber sido terrible», «lo lamento muchísimo», «¿puedo hacer algo para ayudar?», o «¿qué te gustaría que hiciera?».

A veces, una tarjeta muestra un grado extra de consideración, y puede dejarse en el escritorio de una persona o enviarse a su casa. Es otra manera de expresar que somos genuinos y diferentes, porque ponemos nuestros buenos deseos en acción.

También podrías llevar una comida y dejarla de forma anónima en su casa, podar su césped, limpiar la nieve de la entrada, o enviarle un cupón de regalo para ir a cenar. Todas estas cosas crean lazos cuando un amigo está necesitado.

Como verás, no sugiero que hagas las cinco «Preguntas para testificar de Jesús». Por ahora, limítate a prender una lucecita en medio de las tinieblas. Cuando lo hagas, lo más probable es que tu amigo herido sepa quién y qué eres. Verás, una de las herramientas evangelizadoras más poderosas es el amor. Casi puedo garantizarte que pronto, Dios te dará la oportunidad de hablar de tu fe de forma más personal.

- **Otras ideas**

Para hablar de tu fe en otro momento, invita a alguien a ir de compras, a comer contigo o a tomar un café.

No tengas miedo

Una vez, enseñando en un seminario, le di al grupo la tarea de salir y hacer las cinco «Preguntas para testificar de Jesús». Una mujer se me acercó y, con mucho entusiasmo, me comentó: «¡Se las preguntaré a mi equipo de bolos!».

Cuando la vi a la semana siguiente, me contó: «Bill, hace cinco años que juego a los bolos con estas mujeres. Cuando les hice las preguntas que me enseñaste, me sorprendió descubrir que las cinco eran nacidas de nuevo y participaban de una iglesia. Ninguna había hablado de Cristo a las demás».

¡Vaya! Pasar la vida junto a otros sin conocer su postura espiritual ni ellos la tuya. No podemos permitirlo.

Quizás pienses: «Me da miedo comenzar a hablar de mi fe con un amiga, y que me cierre la puerta en la cara. ¿Y entonces, qué hago?».

Puertas cerradas

Cuando hablo de mi fe con un amigo y rechaza el evangelio, mi primera reacción es sentirme desechado y herido, pero debo recordar que no es a mí, sino a Jesús y a la Escritura.

Respiro hondo y oro: «Bueno, Señor, esperaré el momento que Tú prepares».

Pero, como el buen pescador, no dejo de pescar. Si Dios puso a alguien en mi corazón, puedo cambiar la carnada, ir a otro lugar o intentar un método diferente de pesca.

Mientras tanto, recuerdo que no tengo que concentrarme tanto en los peces que se escapan y perder otras oportunidades. Además, he aprendido que Dios puede usar esta situación para intensificar mi vida de oración, mientras me ayuda a dejar ir y esperar.

Quizás nos cueste soltar cuando tenemos esperanzas y sueños para nuestros seres queridos, pero debemos confiar en Dios. Después de todo, Él desea incluso más que nosotros que tengan una relación con Cristo.

En las últimas décadas hubo gente muy cercana a mí con total falta de interés en tener una relación con Cristo. No importa. Estoy esperando el tiempo perfecto de Dios porque, en algún momento del futuro, quizás se abran al evangelio.

Verás, a veces, en una relación, he compartido el evangelio frente a frente con alguien. Otras, ni siquiera lo menciono.

Mi propósito en una amistad no es hacer las cinco «Preguntas para testificar» cada vez que me junto con una persona, sino interesarme por su vida y dejarle saber que la amo.

No podemos olvidar que testificamos porque amamos a los demás. Sin embargo, es fácil desalentarse cuando nuestros seres queridos no responden. Una amiga me contó que su pastor estaba desalentado. Cada vez que intentaba hablar de su fe, le contestaban: «¡No!».

Si esto te sucede, déjame recordarte que a Dios le agrada nuestra obediencia. Cuando un amigo te da la espalda, ¿de quién es el problema, tuyo o de Dios? ¿No será que Dios te está santificando para que sepas cómo se siente Él cuando aquellos a quienes ama lo rechazan?

Al examinar tu propio corazón no busques una razón para abandonar, sino procura ser obediente como Jesús. Aunque tuvo que enfrentarse a la cruz, nunca se echó atrás.

Quizás necesites permiso para no intentar obligar a nadie a que acepte el evangelio. Después de todo, no tienes por qué buscar una falsa decisión. Tu único deseo debería ser que tu amigo se convirtiera de verdad, por el poder del Espíritu Santo. Quizás incluso tengas que disculparte si has intentado imponer la salvación a alguien. Puedes manifestar: «Lamento haber intentado obligarte a ser cristiano. Ahora comprendo que es tu decisión, y no la mía. Por favor, perdóname por intentar forzarte a tomar esta decisión».

Elaine, comprometida para casarse con Rick, comentó: « Hasta que pedí perdón a mi prometido por intentar imponerle mi voluntad, él no pudo considerar el evangelio. Antes, el mensaje de la salvación había sido una batalla entre nosotros y no en su corazón».

Recuerda: a veces, las personas no responden a la cruz. Incluso en la crucifixión, algunos maldijeron a Jesús, robaron su ropa, se burlaron de él, le escupieron y lo torturaron; pero Él permaneció fiel. Ese es nuestro llamado supremo: permanecer fieles. Por supuesto, siempre queda la esperanza de una conversión de último momento, pero no es nuestra motivación. Caminamos por fe y no por vista, para esforzarnos en ser obedientes y confiar los resultados a Dios.

Cómo mantener la relación

¿Cómo mantenemos relaciones con amigos que no han respondido al evangelio? Cuando entran personas a mi vida que conocen mi postura y esperan que en cualquier momento hable de mi fe, me divierto mucho. Me dedico a amarlas. Casi siempre les molesta. Me preguntan: «Bueno, ¿todavía estás en eso de la iglesia? ¿Sigues leyendo la Biblia?».

A veces respondo con un simple «sí». En situaciones como estas, espero la tragedia inevitable que llegará a sus vidas. Sé que vendrán esos momentos, porque nadie sale ileso de la vida. Cuando lleguen, quiero estar allí con expectativa y amor.

El evangelismo como estilo de vida

Este capítulo ha tratado el evangelismo como estilo de vida. Para mí, esto significa vivir de manera abierta, vulnerable, amorosa y, a la vez, con integridad y carácter. De esta manera, a los demás les fascinarán nuestras diferencias y motivaciones. Este estilo de vida se apoya en un profundo amor por los demás y una vida devocional intensa con Dios, porque las personas se acercarán a Él por lo que desborde de nuestro corazón.

Jesús vivió el equilibrio perfecto de evangelismo como estilo de vida. Estuvo dispuesto a tocar a los intocables, amar a los despreciables, y enseñar y corregir a los más difíciles. Todo lo que hizo fue por amor a Su Padre y a los demás; por tanto, estáte siempre preparado para dar razón de la esperanza que hay en ti (*cf.*1 Ped. 3:15).

Capítulo 10

CÓMO ORAR POR LOS INCRÉDULOS

Nuestra vida de oración indica cómo nos va en otras áreas de nuestra vida espiritual. Solo por esto, te aliento a buscar tiempo en medio de tu día ocupado para orar. Tus oraciones deberían incluir alabanza y adoración, confesión de pecados, e intercesión por ti y por otros.

Al orar, te vuelves más consciente de la presencia de Dios en tu vida. Como señala 1 Tesalonicenses 5:17, tenemos que orar «sin cesar». Es un excelente consejo, porque si tenemos una conversación permanente con Dios, siempre estaremos buscando Su presencia. Me gusta lo que decía la tarjeta de visita de la Madre Teresa: «El fruto del silencio es la ORACIÓN. El fruto de la oración es la FE. El fruto de la fe es el AMOR. El fruto del amor es el SERVICIO. El fruto del servicio es la PAZ».

La oración nos lleva a la fe, el amor, el servicio y la paz. Jim Cymbala, un pastor de Brooklyn, Nueva York, estaría de acuerdo. En su libro *Fresh Wind, Fresh Fire* [Viento fresco, fuego fresco], cuenta su historia. Relata que llegó a un punto en que, si Dios no intervenía, el empobrecido Tabernáculo de Brooklyn que pastoreaba estaba condenado a cerrar. No solo tenía problemas en la iglesia, sino que tampoco podía sanarse del resfriado invernal que arrastraba desde hacía meses. Por fin, los suegros de Cymbala lo enviaron a San Petersburgo, en Florida, para obtener el descanso tan necesitado para sus pulmones congestionados. Un día, este joven pastor se encontraba en un barco de pesca con 20 turistas. Estaba sentado solo y oraba en silencio: «Señor, no tengo idea de cómo ser un pastor eficaz. No tuve formación. Lo único que sé es que Carol y yo estamos trabajando en medio de la ciudad de Nueva York, con gente que muere por todas partes por sobredosis de heroína, consumidos por el materialismo y todo lo demás. Si el evangelio es tan poderoso…».

No pudo terminar por las lágrimas. Entonces, percibió la voz de Dios que llegaba a él: *Si tú y tu esposa llevan a mi pueblo a orar y buscar mi nombre, nunca te faltará algo fresco para predicar. Yo proporcionaré el dinero que falta, tanto para la iglesia como para tu familia, y no te alcanzará la capacidad del edificio para contener a las multitudes que enviaré como respuesta.*

Cuando el pastor Cymbala regresó a Brooklyn, declaró a su congregación: «Si invocamos al Señor, Él prometió en Su Palabra que respondería, que atraería a Él a los que no son salvos, y derramaría Su Espíritu sobre nosotros. Si no invocamos al Señor, no nos ha prometido nada… nada de nada. Es así de simple. No importa lo que predique o lo que afirmemos creer; el futuro depende de nuestra vida de oración».[1]

Hoy, hace más de 25 años que el pastor Cymbala está al frente de la congregación de Brooklyn. En ese tiempo, la iglesia creció de 25 miembros a más de 6000. Dios ha seguido obrando mediante esta congregación que ora.

El pastor Cymbala tenía razón: si no pides nada, no obtienes nada. Jesús mismo nos enseñó: «Pedid, y se os dará; buscad y hallaréis; llamad, y se os abrirá. Porque todo aquel que pide, recibe; y el que busca, halla; y al que llama, se le abrirá» (Mat. 7:7–8).

Es sencillo: si no pides, no obtienes nada. Solo podemos entrar al corazón de Dios con la oración.

Ora antes de testificar

De las miles de veces que he hablado de mi fe, no recuerdo

ni una en que no haya orado antes por la persona. Aunque sea un encuentro casual, oro en silencio pidiendo la ayuda de Dios.

Además, tengo una lista de incrédulos por los que oro a diario. Algunos han estado en mi lista de oración durante años; otros, poco tiempo. En ella lista figuran desde parientes hasta personas famosas que Dios puso en mi corazón.

Kathie Grant comprende el llamado a orar por los incrédulos. En la semana ora por 2500 incrédulos. Hace poco, ella y su esposo Paul volaban desde Atlanta a Denver, cuando vio a un senador que había estado en su lista de oración hacía siete años. El hombre se sentó junto a ella, y pudieron hablar durante tres horas y media. Después de un rato, Kathie le preguntó:

—¿Sabe lo que es el evangelio?

—No —respondió el senador.

Allí estaba, con 66 años, y jamás había oído el evangelio.

—¿Me seguiría la corriente y leería algunos pasajes de la Biblia? —le preguntó Kathie.

—Claro—contestó él.

Kathie lo guió por los «Pasajes para testificar de Jesús». Más adelante, comentó: «Mientras leía los pasajes en voz alta, pude ver cómo el Espíritu Santo obraba».

No oró para recibir a Cristo ese día, pero Kathie sabe que tuvo éxito porque fue obediente no solo al orar, sino también al comunicar su fe. Afirma: «Fue uno de los momentos más interesantes de mi vida».

Yo también he visto cómo el poder de la oración cambiaba la vida de un incrédulo. Hace varios años, llevé a jugar al golf a un importante funcionario gubernamental de la policía, a quien llamaré Ted. En el grupo nos encontrábamos él, otro cristiano llamado Zane, y yo. En el hoyo quince, miré a Ted y le pregunté: «¿Asistes a alguna iglesia?».

Recitó el nombre de cinco por todo el país. Le pregunté: «Si murieras, ¿adónde irías?».

Dio dos grandes pasos en mi dirección y gruñó: «Fay, sabes exactamente adónde iría».

Yo no iba a retroceder, así que di dos pasos hacia él. Estábamos cara a cara; sonreí y dije: «Ted, no tengo ni idea de adónde irías».

Vi de reojo cómo mi amigo Zane bajaba la cabeza y comenzaba a orar. Mientras lo hacía, pude ver cómo el corazón de Ted comenzaba a ablandarse. Me contestó: «Tienes razón, yo tampoco sé adónde voy».

Y allí mismo, en el hoyo 15 del campo de golf de *Plum Creek*, entregó su vida a Cristo. Estoy convencido de que el poder de la intercesión derritió el corazón de alguien que se resistía a Dios.

Es sabio orar por los que se pierden. También lo es usar la oración como preparación antes de testificar de tu fe. ¿Cómo te ayuda la oración a prepararte? Para empezar, puedes orar por:

- **Oportunidades**

El evangelismo es un proceso de santificación. Dios nos pide que profundicemos la relación con Él. Cuando comienzo a orar por los que se pierden, ruego a Dios que abra mis ojos y mi corazón a los milagros. Todas las mañanas, durante mi tiempo devocional, le pido a Dios el privilegio de hablar de Jesús con alguien cuyo corazón esté listo para escuchar las buenas nuevas. De esa manera, estoy constantemente alerta y pregunto: «Señor, ¿es esta la persona que me has enviado hoy?».

Este proceso hace que esté más abierto y disponible para moverme en la voluntad de Dios.

- **Amor**

En 1 Corintios 13:1 leemos: «Si yo hablase lenguas humanas y angélicas, y no tengo amor, vengo a ser como metal que resuena, o címbalo que retiñe».

Es difícil testificar de nuestra fe cuando el amor por los demás se ha enfriado. Por eso, es importante pedirle a Dios que nos dé Su amor por los demás, que nos ayude a ver su estado lamentable y su dolor, y escuchar su clamor. Esta clase de oración nos ayudará a captar el corazón de Dios por los perdidos. Entonces hablaremos de Cristo no por obligación, sino por amor. El amor cambia todo.

Efesios 3:17-19 afirma: «Para que habite Cristo por la fe en vuestros corazones, a fin de que, arraigados y cimentados en amor, seáis plenamente capaces de comprender con todos los santos cuál sea la anchura, la longitud, la profundidad y la altura, y de conocer el amor de Cristo, que excede a todo conocimiento, para que seáis llenos de toda la plenitud de Dios».

Cuando comenzamos a amar a los demás y a mirarlos con

los ojos de Dios, vemos personas en la oscuridad. En Estados Unidos solamente, según el FBI:

- Hay un asesinato cada 21 minutos.

- Hay una violación cada cinco minutos.

- Hay un asalto cada 46 segundos.

- Hay un asalto a mano armada cada 29 segundos.

Cuando amamos a los demás, las personas atrapadas en la oscuridad ya no son estadísticas, sino gente a la que Cristo amó y por quien murió. Sabemos que su única esperanza es nacer de nuevo y tener una relación con Jesucristo. Oramos para que la encuentren.

- **Que otros vean a Cristo en ti**

Otra oración constante de nuestro corazón debería ser que los demás vean a Cristo en nosotros. Queremos que Dios nos use como imanes espirituales para atraer a otros a Él.

Esto solo puede suceder si tenemos una vida de oración con Él. Así tendremos el brillo en los ojos que revela la alegría de nuestro corazón. Mi oración es que Dios haga que tus amigos y tus familiares tengan celos de tu gozo y lo quieran para sus vidas.

- **Denuedo**

Como los apóstoles, tenemos que pedir denuedo a Dios. Un día, tras la resurrección de Cristo y Su ascensión, los apóstoles fueron arrestados por predicar el evangelio en el templo. Antes de que los liberaran, los principales de la sinagoga los amenazaron. ¿Cómo respondieron ellos? Con oración. Se juntaron en el aposento alto y clamaron: «Y ahora, Señor, mira sus amenazas, y concede a tus siervos que con todo denuedo hablen tu palabra». Cuando terminaron de orar, «el lugar en que estaban congregados tembló; y todos fueron llenos del Espíritu Santo, y hablaban con denuedo la palabra de Dios» (Hch. 4:29,31).Su denuedo vino como respuesta a la oración.

- **Poder**

Ora para reconocer el poder de Dios dentro de ti. En Efesios

1:18-19 (nvi) encontramos: «Pido también que les sean iluminados los ojos del corazón para que sepan [...] cuán incomparable es la grandeza de su poder a favor de los que creemos».

Tenemos que ser fuertes en el Señor y en Su poder. ¡Después de todo, en nosotros vive el mismo poder de resurrección que levantó a Jesús de entre los muertos! No nos falta absolutamente nada. Mediante la oración, podemos fortalecernos «en el Señor, y en el poder de su fuerza» (Ef. 6:10).

Cómo orar por los perdidos

¿Responde Dios nuestras oraciones por los perdidos? Pregúntale al Gran Earl. Había pasado 26 años de su vida en prisión y todavía le quedaban 20. Dos presos, Tony y Don, le hablaron de su fe una noche. La reacción del Gran Earl fue inmediata. Golpeó a Don en la boca y le arrancó dos dientes. Don se levantó, escupió los dientes y le advirtió: «Puedes volver a golpearme si quieres, pero nunca dejaré de orar por ti».

Cuando el Gran Earl fue a su celda esa noche, el Espíritu Santo le habló: «Tu hermana ha estado orando por ti durante 25 años. Es ahora o nunca».

Earl comentó que la voz era tan clara que miró debajo de la litera y detrás del excusado para ver si alguien había escondido un altavoz en su celda. Pero cuando el Espíritu Santo de Dios penetró en el corazón de este hombre, cayó sobre la cama, convencido de sus pecados. Cuando Tony y Don pasaron por su celda a la mañana siguiente, vieron cómo este hombre fornido, de 1,90 metros (6,4 pies,) se levantaba y escurría las lágrimas de su almohada. Dios había obrado gracias a las oraciones de la hermana del Gran Earl.

El Salmo 2:8 declara: «Pídeme, y te daré por herencia las naciones, y como posesión tuya los confines de la tierra».

No oramos para que los demás se salven porque lo merecen, sino porque creemos en el amor, el poder, la sabiduría y la misericordia de Cristo. Clamamos, porque sabemos que Jesús desea que todos lo conozcan como Señor, como hicimos nosotros. También pedimos que envíe más obreros a la mies.

Mi vida de oración se revolucionó tras leer el libro publicado por mi amiga Kathleen G. Grant, *The Key to His Kingdom: Praying in the Word of God* [La llave de Su reino: ora según la Palabra de

Dios]. Kathie enseña el maravilloso principio de orar la voluntad de Dios a través de Su Palabra. Señala Juan 15:7, que afirma. «Si permanecéis en mí, y mis palabras permanecen en vosotros, pedid todo lo que queréis, y os será hecho».

Explica que orar es hablar con Dios, escucharlo primero mediante Su Palabra, y responder después usando la Escritura. Afirma: «Abandonar la oración es como intentar hacer la voluntad de Dios sin el aliento del Espíritu Santo que revitalice y produzca el fruto. Es imposible lograr algo sin el Espíritu».

A continuación tienes pasajes bíblicos y oraciones que te ayudarán a orar por los perdidos durante una semana. Estas plegarias pertenecen al libro de Kathie[2].

Instrucciones: Primero lee los pasajes y luego repítelos en oración.

Día 1
Tito 3:5

«Nos salvó, no por obras de justicia que nosotros hubiéramos hecho, sino por su misericordia».

Querido Padre celestial:

Así como nos salvaste por tu misericordia, salva a nuestros seres queridos. Perdónanos a los que ya creemos, por creernos superiores. Antes éramos como los perdidos, y solo tu misericordia nos salvó, no nuestra propia justicia.

Amén.

Día 2
1 Pedro 3:18

«Porque también Cristo padeció una sola vez por los pecados, el justo por los injustos, para llevarnos a Dios».

Querido Padre celestial:

Como Cristo murió por los pecados de una vez por todas, te pedimos que apliques esa obra a estas personas para que, como nosotros, se acerquen a ti *(nombres de las personas que quieres que se salven)*.

En el nombre de Cristo Jesús, que es digno,

Amén.

Día 3
1 Juan 2:2

«Y él es la propiciación por nuestros pecados; y no solamente por los nuestros, sino también por los de todo el mundo».

Querido Padre celestial:

Como diste a Cristo en sacrificio para expiar los pecados de todo el mundo, aplicamos este sacrificio a toda nación sobre la Tierra, y pedimos que muchos se acerquen a creer en Jesús, como nosotros. De algo estamos seguros: ¡Jesús ya completó la obra! El precio que pagó es suficiente… ¡Haz que demuestre ahora su eficacia!

En Su nombre,
Amén.

Día 4
Hechos 2:21

«Y todo aquel que invocare el nombre del Señor, será salvo».

Querido Padre misericordioso:

¡Cuán grande es tu misericordia; los pecadores solo tienen que invocar el nombre de tu Hijo! Él pagó el precio en lugar de todos. ¡Haz que los pecadores clamen a Él! Envía creyentes que proclamen Su nombre, porque, ¿cómo pueden invocar a aquel de quien no han oído?

En el nombre de Jesús,
Amén.

Día 5
2 Corintios 4:4

«El dios de este siglo cegó el entendimiento de los incrédulos, para que no les resplandezca la luz del evangelio de la gloria de Cristo, el cual es la imagen de Dios».

Querido Padre celestial:

Por favor, ten misericordia de los incrédulos, así como te apiadaste de nosotros antes de creer. Estábamos cegados por el diablo, pero, por tu misericordia, quitaste el velo de nuestras mentes para que pudiéramos creer en Cristo y ser salvos. ¡Haz lo mismo por los que no creen!

Para gloria de tu Hijo,
Amén.

Día 6
Colosenses 4:3-6

«Orando también al mismo tiempo por nosotros, para que el Señor nos abra puerta para la palabra, a fin de dar a conocer el misterio de Cristo, por el cual también estoy preso, para que lo manifieste como debo hablar. Andad sabiamente para con los de afuera, redimiendo el tiempo. Sea vuestra palabra siempre con gracia, sazonada con sal, para que sepáis cómo debéis responder a cada uno».

Querido Padre celestial:

Pedimos que nos abras la puerta para predicarle el evangelio a alguien. También oramos por todos los que están haciendo la obra de un evangelista en el mundo: laicos, pastores o misioneros. Abre la puerta al mensaje del evangelio en todas partes y en toda nación. Permite a todo el que comunique el mensaje de Cristo que lo proclame con toda claridad. Te damos gracias por el material de Bill Fay, *Testifica de Jesús sin temor*, tan claro y maravilloso para cumplir tu voluntad en este aspecto. Haz que pueda llegar a otros cristianos en todo el mundo. Ayúdanos también a ser sabios entre los que no creen, y aprovechar al máximo cada oportunidad. Que nuestras conversaciones estén llenas de gracia y sazonadas con sal.

De acuerdo a la voluntad de Dios,
Amén.

Día 7
Juan 16:24

«Hasta ahora nada habéis pedido en mi nombre; pedid, y recibiréis, para que vuestro gozo sea cumplido».

Querido Padre celestial:

En el incomparable nombre de tu Hijo, te pedimos: responde nuestras oraciones por la salvación de los perdidos. ¡Que nuestro gozo sea cumplido al darle a Cristo la mayor cantidad de herederos!

En el nombre que es sobre todo nombre,
Amén.

El libro de Kathie tiene muchos más pasajes bíblicos para orar e ir rotando, pero estos te ayudarán a comenzar. Asimismo, te desafío a orar sobre estos y otros pasajes significativos de la Escritura con tus propias palabras.

Listas de oración

Quizás también te ayude hacer una lista de los incrédulos por los que puedes orar. Y, como anima Kathie: «¡Atrévete a nombrarlos a todos!». Pueden ser amigos, familiares, compañeros de trabajo, políticos, funcionarios de gobierno, personalidades de la televisión, doctores, enfermeras, secretarias, recepcionistas, empleados, peluqueros, vecinos o, en otras palabras, cualquiera con quien tengas contacto. Si tu lista es demasiado larga, quizás quieras rotarla para poder orar por todos en una semana.

Me fascinó estudiar el diario personal de oración de Kathie Grant, donde figuran todos los nombres, desde estrellas cinematográficas hasta vagabundos. También encontré la fecha del día en que comenzó a orar para que derribaran el muro de Berlín. Pero cuando encontré mi propio nombre y la fecha en que comenzó a orar para que me convirtiera, comprendí lo extraordinario de su ministerio. Fue un inmenso recordatorio de la importancia de la intercesión. ¿Acaso fue una coincidencia que mi nombre se encontrara en su diario? Digámoslo de esta manera: Cuanto más oramos, más «coincidencias» hay. Es más, Dios nos indica en Filipenses 4:6-7: «Por nada estéis afanosos, sino sean conocidas vuestras peticiones delante de Dios en toda oración y ruego, con acción de gracias. Y la paz de Dios, que sobrepasa todo entendimiento, guardará vuestros corazones y vuestros pensamientos en Cristo Jesús».

Estoy sumamente agradecido porque Dios responde las oraciones a favor de los incrédulos. Yo soy la prueba viviente.

Capítulo 11

VAMOS

Una vez, alguien advirtió a un amigo que estuviera preparado para cualquier oportunidad. Nunca sabes cuándo tu preparación puede salvarle la vida a alguien. Mi amigo comprendió este consejo una noche, mientras cenaba en un restaurante. Esta es la historia:

De repente, un hombre volcó un vaso de la mesa y se levantó con el rostro rojo y los ojos saltones. Se le había atorado un pedazo de carne en la garganta, y no podía respirar. Miré para todos lados con la esperanza de que alguien corriera a aplicarle la maniobra de Heimlich. Pero todos estaban paralizados y sin saber qué hacer. Empujé mi silla a un lado y acudí a ayudarlo. Cuando envolví su cintura con mis brazos y apreté, la carne se desprendió de su garganta y oí con alegría cómo respiraba hondo.

Más tarde, varios se acercaron a mi mesa y me dieron las gracias por haber ayudado. Un caballero me comentó: «Qué bueno que sabías qué hacer. ¿Podría decirme dónde podría aprender? Yo también quiero estar preparado».

La esposa del hombre que se había atragantado me dejó una nota en la caja. Decía: «Gracias. Mi esposo quería darte las gracias, pero estaba demasiado avergonzado y débil para hablar. Estamos sumamente agradecidos, porque no tuviste miedo de ayudarnos».

Sin embargo, nadie podría haber sentido más miedo que yo. La diferencia no la hizo la ausencia de temor, sino mi preparación. Esta experiencia me enseñó que puedo ser la única esperanza para alguien que esté a punto de morir.

Así como saber aplicar la maniobra de Heimlich puede salvarle la vida terrenal a alguien, saber cómo testificar de Jesús sin temor puede ayudarte a salvarle la vida eterna. Y nunca sabes cuándo te pueden necesitar.

Por ejemplo, una vez apareció un cargo erróneo en mi extracto bancario y fui al banco para preguntar. Una joven, Krista, me ayudó a solucionar el problema. Cuando estaba a punto de irme, me comentó:

—A propósito, Bill, hoy es mi último día en el banco.

—¿De veras? —pregunté.

—Te extrañaré. No solo porque solucionaste mi problema, sino también porque eres sumamente amable.

Podría haberlo dejado ahí. Habría sido más fácil salir por la puerta y decir al pasar: «Que tengas una buena vida, Krista. ¡Buena suerte!».

En cambio, decidí aprovechar la oportunidad para hablar de mi fe, así que le hice mi pregunta favorita para iniciar conversaciones.

—Krista, me preguntaba una cosa: ¿asistes a alguna iglesia?

—Bueno, una vez fui con una amiga.

—¿Alguna vez escuchaste la diferencia entre la religión y una relación con Jesucristo?

—No. ¿Cuál *es* la diferencia?

—Con tu permiso, te llevaré un paso más allá.

Así que me senté junto a su escritorio, saqué mi Nuevo Testamento para testificar y le pedí que leyera los pasajes en voz alta. Cuando el Espíritu Santo comenzó a obrar, empezaron a caer las lágrimas. Le pregunté:

—Krista, ¿estás lista para decirle sí a Jesucristo?

—Sí —me respondió, y allí mismo lo hizo.

Mi pregunta para ti es: ¿Qué habría sucedido si no le hubiera testificado a Krista? ¿Y si hubiese dejado pasar esta oportunidad? ¿Y si me hubiera centrado en el error del banco, y hubiese sido brusco y poco amable con Krista?

En primer lugar, tenemos que obedecer el mandamiento de Cristo de amar al prójimo. Tenemos que hablar a los demás con respeto. Colosenses 4:6 exhorta: «Sea vuestra palabra siempre con gracia, sazonada con sal, para que sepáis cómo debéis responder a cada uno».

Cuando vivimos con la política de amar al prójimo, podemos aprovechar cada oportunidad que Dios nos presente.

La obediencia que prepara el terreno

A menudo escucho a mis hermanos pedir un avivamiento, que Dios mueva y cambie el corazón de las personas, las familias, las comunidades y las naciones. Pero me pregunto: ¿Esperamos que Dios dé el primer paso? Si un agricultor no prepara la tierra ni planta semillas, ¿puede culpar a Dios de que no haya cosecha?

¿Seremos como ese agricultor perezoso? Todos queremos un avivamiento, pero no llegará si no arrancamos de raíz la desobediencia de nuestro corazón. El avivamiento no llegará a menos que sembremos las semillas de las buenas nuevas de Jesucristo.

Debemos responder. ¿Cuándo fue la última vez que hablaste de tu fe o conversaste con alguien con quien te sentías incómodo? ¿Cuándo fue la última vez que lloraste y oraste para que alguien viniera a Jesucristo? ¿Cuándo fue la última vez que le enviaste una tarjeta a un familiar que no conoce al Señor?

En el día del Juicio, Dios no juzgará primero al mentiroso, al asesino, al homosexual ni al fornicador, sino a la familia de la fe. Los que rechazaron a Cristo tendrán que esperar mientras los creyentes estemos al frente. Delante de ellos tendremos que mirar a Dios a los ojos y explicarle las obras que hicimos y las que no hicimos; las palabras que hablamos y las que callamos (Mat. 12:36). ¿Nos sentiremos avergonzados porque desobedecimos la Gran Comisión: «Por tanto, id, y haced discípulos a todas las naciones, bautizándolos en el nombre del Padre, y del Hijo, y del Espíritu Santo» (Mat. 28:19)?

¿Nos lamentaremos por las oraciones que no pronunciamos, los sacrificios que no hicimos y las lágrimas que no derramamos? Al mirar detrás de nosotros y ver los rostros de nuestros amigos y familiares condenados, ¿cómo nos sentiremos?

No creo que Dios vaya a obligarnos a obedecer, porque Él no es así. El amor nunca fuerza. Pero cuando desobedecemos y decidimos ignorar la Gran Comisión, Dios permite que experimentemos una sequía espiritual.

Al viajar por distintas iglesias he notado que la fe de las personas ha decaído y sus corazones se han endurecido. ¿Por qué? La gente no experimenta el gozo de Dios, porque no comparte su fe. Como ya estudiamos, Filemón 6 exhorta: «Ruego que la comunión de tu fe llegue a ser eficaz por el conocimiento de todo lo bueno que hay en vosotros mediante Cristo» (LBLA).

Creo que Dios nos disciplina para captar nuestra atención, y que si no nos ponemos de rodillas, nuestra nación quedará en el olvido. Dios nos pedirá cuentas del pecado del silencio, por no testificar a las personas que ha puesto en nuestras vidas.

Ahora es el momento

Ahora que comprendes que no puedes fracasar cuando compartes tu fe, estás listo para dar el paso de la obediencia. No seas como muchos que se me han acercado llorando, y han confesado haber sentido el suave empuje de Dios para hablar de la fe a un amigo, y se negaron. Una mujer compartió conmigo: «Sabía que Dios me guiaba a testificarle a una amiga hospitalizada, pero estaba ocupada, y cuando oí que Lee estaba mejor, ignoré el impulso. "Hay mucho tiempo", pensé. Dos semanas más tarde, Lee falleció inesperadamente. —Bajó la cabeza—. ¡Si no hubiera esperado!

Las personas lloran cuando me cuentan cosas como esta. Preguntan: «¿Crees que Dios podrá perdonarme?».

Sienten la vergüenza del pecado del silencio. Comprenden que Dios quería usarlos como mensajeros del evangelio, y ellos lo pospusieron. Ahora es demasiado tarde.

No sabemos quién tiene un mañana, o si nosotros estaremos aquí. Lo que hicimos ayer ya pasó. Lo importante es aprovechar el momento que Dios nos ofrece ahora.

Lo único que cuenta es lo que decidimos hoy: los momentos que vivimos para Jesucristo. No quiero tener que comparecer ante Dios y escuchar: «Bill, ¿por qué sentiste vergüenza de hablarle a alguien sobre mi Hijo, Jesucristo?». Tendré que dar cuenta a Dios por muchas cosas, pero mi oración es que esa no sea una de ellas. Quiero poder afirmar lo mismo que el apóstol Pablo en Romanos 1:16: «Porque no me avergüenzo del evangelio, porque es poder de Dios para salvación a todo aquel que cree; al judío primeramente, y también al griego».

¿Tienes carga?

Los cristianos malentienden algo. A menudo me comentan que tienen una gran carga por un amigo, un pariente o alguna otra persona. Lo que intento que comprendan es que, cuando Dios te da una directriz no es el momento de irte a casa a orar al respecto, sino de responder de inmediato. Dios ha estado preparando este instante desde antes de la fundación del mundo.

Si quisiera que esperaras, te habría dado la idea mañana. De haber querido que actuaras ayer, te lo habría indicado anteayer. Pero cuando pone a Susan o a John en tu mente, el momento es ahora.

Lee Strobel escribe en *Inside the Mind of Unchurched Harry and Mary* [Dentro de la mente de los incrédulos Harry y Mary]: «Casi todos los días nos vemos frente a momentos decisivos para el evangelio. Tomamos la decisión de ayudar a rescatar a estas personas del peligro o miramos a otro lado. En el momento, determinamos aventurarnos con valentía en sus vidas y guiarlos a un lugar de seguridad espiritual, o nos limitamos a esperar que otra persona lo haga... Tomamos decisiones de último momento todo el tiempo: vamos a lo seguro o inclinamos la conversación a temas espirituales, y muchas veces nos acobardamos».[1]

No debemos retroceder, sino aventurarnos en las vidas espirituales de los demás, y señalarles el camino a Cristo.

Obedece tu llamado supremo

Una vez más no es tu responsabilidad lograr la conversión, sino obedecer el llamado supremo de la Gran Comisión.

Recuerda: tener éxito supone comunicar tu fe y vivir para Jesucristo, y no llevar a alguien al Señor. Además, como alguien afirmó una vez: «Dios no nos llama a ser exitosos, sino a ser fieles».

Si escoges la obediencia para testificar, tu vida cristiana jamás será aburrida, porque se activará lo expresado en Filemón 6.

El evangelismo no se trata solo de la persona a quien le testificas, porque, aunque no actúes, Dios puede hacer que las piedras hablen. Se trata de experimentar a Dios. Si decides obedecer, Él te llevará a un viaje tan emocionante que tu vida nunca volverá a ser igual.

Desde que conocí al Señor en 1981, he tenido el privilegio de testificar cara a cara 25.000 veces. Con absoluta confianza puedo aseverar que jamás llevé a nadie a Jesucristo; pero observo con emoción cómo el Espíritu Santo sigue cambiando las vidas de las personas a quienes hablo.

Recuerda, anteriormente indiqué que solo hay dos clases de cristianos en el mundo:

1. Los que hablan *sobre* los perdidos.
2. Los que hablan *a* los perdidos.

Es hora de decidir obedecer y de comprender la plenitud de la vida cristiana; de ser la clase de cristiano que le habla *al* perdido, que muere a sí mismo y que jamás se avergüenza del evangelio. Es hora de ser la clase de cristiano que marca la verdadera diferencia. Puedes comenzar formulándole a alguien una de las cinco «Preguntas para testificar de Jesús» hoy mismo. Pero, más allá de hacer preguntas, habrás decidido obedecer; y cuando las personas escogen la obediencia, experimentan un gozo único y una relación cada vez más profunda con su Señor y Salvador Jesucristo. Es hora de testificar de Jesús sin temor. Dios quiere que experimentes Su gozo, así que prepárate. ¡Es hora de *comenzar*!

Apéndice 1:

RESUMEN SOBRE CÓMO TESTIFICAR DE JESÚS

Herramientas opcionales para la conversación

1. ¿Puedo hacerte una pregunta?

2. ¿Cuáles son los problemas más graves que afronta la mujer de hoy?

3. ¿Cuál es tu deporte favorito? ¿Cuánto dinero crees que haría falta para una vida perfecta?

4. ¿Asistes a alguna iglesia?

5. ¿Puedo hacerte una encuesta de cinco preguntas?

6. Ya conoces mis creencias espirituales, pero yo no sé cuáles son las tuyas. ¿Te importa comentármelas?

7. ¿Alguna vez sientes que no sabes bien de qué dependes espiritualmente para tener esperanza en la vida?

8. ¿Te han explicado alguna vez la diferencia entre religión y una relación con Jesucristo?

9. ¿Puedo compartir contigo los siete pasajes bíblicos que me cambiaron la vida?

10. ¿Cuántas personas tendrían que arrojar una moneda al aire hasta que una obtuviera cara 30 veces seguidas? *(miles de millones)* Una de las razones por las cuales creo que la Biblia es veraz es porque las 30 profecías registradas sobre el nacimiento, la muerte y la resurrección de Jesús se cumplieron. Es como obtener cara lanzando la moneda 30 veces seguidas.

11. ¿Te importa la verdad?

12. ¿Te han explicado alguna vez el cristianismo?

13. Tengo que pedirte perdón. Nunca te he hablado de lo más importante en mi vida. No te dije cómo puedes tener una relación personal con Jesucristo, y quiero que sepas que lo lamento muchísimo.

14. ¿Sabes? Yo también he tenido muchos problemas, pero encontré una solución para mi dolor.

Las cinco preguntas para testificar de Jesús

Estas preguntas canalizan la conversación. Puedes comenzar por cualquier parte de la lista, según te sientas guiado, o puedes pasar directamente a los «Pasajes bíblicos para testificar de Jesús».

1. ¿Tienes alguna clase de creencia espiritual?

2. Para ti, ¿quién es Jesús?

3. ¿Crees que existe el cielo o el infierno?

4. Si murieras esta noche, ¿adónde irías? Si es al cielo, ¿por qué?

5. A propósito, si lo que crees no fuera verdad, ¿te gustaría saberlo?

Nota: En este momento, puedes preguntar: «¿Puedo compartir algunos pasajes bíblicos contigo?». Si la respuesta es afirmativa, abre la Biblia para la próxima fase. Si es negativa, no hagas nada, pero recuerda que no has fracasado. Fuiste obediente al compartir el evangelio, y el resultado le pertenece a Dios.

Los pasajes bíblicos para testificar de Jesús

Nota: Pídele a tu amigo que lea el versículo en voz alta. A continuación, pregunta: «¿Qué significa para ti?». Si la respuesta es incorrecta, indica: «Vuelve a leer». Continúa este proceso, hasta que tu amigo comprenda el pasaje bíblico.

1. Romanos 3:23: «Todos pecaron».

«Por cuanto todos pecaron, y están destituidos de la gloria de Dios».

¿Qué significa para ti?

2. Romanos 6:23: «La paga del pecado es muerte».

«Porque la paga del pecado es muerte, mas la dádiva de Dios es vida eterna en Cristo Jesús Señor nuestro».

¿Qué significa para ti?

3. Juan 3:3: Hay que nacer «de nuevo».

«Respondió Jesús y le dijo: De cierto, de cierto te digo, que el que no naciere de nuevo, no puede ver el reino de Dios».

¿Por qué vino Jesús a morir?

4. Juan 14:6: «Yo soy el camino».

«Jesús le dijo: Yo soy el camino, y la verdad, y la vida; nadie viene al Padre, sino por mí».

¿Qué significa para ti?

5. Romanos 10:9-11: «Si confesares».

«Que si confesares con tu boca que Jesús es el Señor, y creyeres en tu corazón que Dios le levantó de los muertos, serás salvo. Porque con el corazón se cree para justicia, pero con la boca se confiesa para salvación. Pues la Escritura asegura: Todo aquel que en él creyere, no será avergonzado».

¿Qué significa para ti?

6. 2 Corintios 5:15: «Ya no vivan para sí».

«Y por todos murió, para que los que viven, ya no vivan para sí, sino para aquel que murió y resucitó por ellos».

¿Qué significa para ti?

7. Apocalipsis 3:20: «Yo estoy a la puerta y llamo».

«He aquí, yo estoy a la puerta y llamo; si alguno oye mi voz y abre la puerta, entraré a él, y cenaré con él, y él conmigo».

¿Qué significa para ti?

Las cinco preguntas de compromiso

1. ¿Eres un pecador?
2. ¿Quieres perdón por tus pecados?
3. ¿Crees que Jesucristo murió en la cruz por ti y resucitó?
4. ¿Estás dispuesto a rendirle tu vida a Jesucristo?
5. ¿Estás listo para invitar a Jesús a tu vida y a tu corazón?

La oración de entrega

Padre celestial, he pecado contra ti. Quiero que me perdones por todos mis pecados. Creo que Jesús murió en la cruz por mí y resucitó. Padre, te entrego mi vida para que hagas con ella lo que quieras. Quiero que Jesucristo venga a mi vida y a mi corazón. En el nombre de Jesús. Amén.

El principio del «¿por qué?»

Tú:	¿Estás listo para invitar a Jesucristo a tu vida?
Amigo:	No.
Tu:	¿Por qué?
Amigo:	No estoy listo.
Tú:	¿Por qué?

Preguntas e indicaciones para el nuevo creyente

1. ¿Por cuántos de tus pecados pagó Cristo?
2. ¿Cuántos de tus pecados recuerda Cristo?
3. ¿Dónde vive Cristo?
4. Vamos a orar. (Que el nuevo creyente diga lo que tenga en el corazón.)
5. ¿Quién ha estado orando por ti?
6. ¿Sabes a qué iglesia asiste tu amigo?
7. ¿Sabes el número de teléfono de tu amigo? ¡Llamémoslo ahora!
8. ¿Puedo llevarte a la iglesia conmigo?
9. Lee el Evangelio de Juan.
10. Te llamaré mañana para ver si la Palabra cobró un nuevo significado.

Nota: En el apéndice 3, encontrarás una rápida referencia a las objeciones y las respuestas.

INSTRUCCIONES PARA COMPARTIR PASAJES BÍBLICOS

No dejes que estas instrucciones te intimiden. Son sumamente sencillas. Toma tu lápiz, un marcador de color, y resalta en tu Biblia/Nuevo Testamento para testificar lo siguiente:

1. En la parte frontal de la Biblia, escribe el número de página** de Romanos 3:23.

2. Resalta Romanos 3:23.

3. Anota el número de página** de Romanos 6:23 en el margen superior. Como suelo sentarme frente a la persona a quien le testifico, giro la Biblia para que ella la lea. Del mismo modo, con la Biblia vuelta, escribe notas en el margen superior (ahora, el más cercano a ti). De esta manera, mientras tu amigo lee el pasaje en voz alta, puedes leer tus notas «al revés».

4. Resalta Romanos 6:23 y escribe el número de página** de Juan 3:3 en el margen*.

5. Rodea con un círculo la palabra *pecado*.

6. Subraya la palabra *muerte*.

7. Escribe *infierno* sobre la palabra *muerte*.

8. Subraya la palabra *en*.

9. Resalta Juan 3:3 y escribe el número de página** de Juan 14:6 en el margen*.

10. Dibuja una cruz (†) junto a Juan 3:3.

11. Resalta Juan 14:6 y escribe el número de página** de Romanos 10:9-11 en el margen*.

12. Resalta Romanos 10:9-11 y escribe el número de página** de 2 Corintios 5:15 en el margen*.

13. Resalta 2 Corintios 5:15 y escribe el número de página** de Apocalipsis 3:20 en el margen*.

14. Resalta Apocalipsis 3:20.

Nota: Quizás también quieras anotar las «Preguntas para testificar de Jesús», las «Preguntas de compromiso» y las «Preguntas de seguimiento» en la solapa delantera o trasera de tu Biblia.

---

* No olvides girar tu Biblia para escribir las notas en el margen (superior) más cercano a ti.

** Puedes anotar el número de página y/o la referencia del pasaje.

36 RESPUESTAS PARA LAS OBJECIONES

Esta lista alfabética de objeciones corresponde a las respuestas en este apéndice y a las enumeradas en el capítulo 8.

Lista temática de objeciones

Cómo utilizar esta sección:

Digamos que quieres encontrar la respuesta a la objeción: «¿Y qué sucede con mi familia?».

Busca: «¿Y qué sucede con mi familia?» en la lista temática de arriba. Allí verás que puedes encontrar esta objeción en este apéndice de tres maneras:

1. En orden alfabético.
2. En la página …
3. Como la objeción número 35.

Nota: Si también quieres encontrar las ilustraciones e historias para: «¿Y qué sucede con mi familia?», ve al capítulo 8. Allí encontrarás esta objeción/respuesta con el número 35 y en orden alfabético.

Respuestas a las objeciones:

1. ¿Cómo puede un Dios de amor enviar a alguien al infierno?

Tú: ¿Por qué permitiría Dios que Su Hijo Jesús muriera en la cruz por nosotros si Su muerte no sirviera para nada?

Lee: • «El que no escatimó ni a su propio Hijo, sino que lo entregó por todos nosotros» (Rom. 8:32).

• «Porque la paga del pecado es muerte, mas la dádiva de Dios es vida eterna en Cristo Jesús Señor nuestro» (Rom. 6:23).

Tú: Jesús murió por nosotros para que no tuviéramos que ir al infierno.

Lee: «Mas Dios muestra su amor para con nosotros, en que siendo aún pecadores, Cristo murió por nosotros. Pues mucho más, estando ya justificados en su sangre, por él seremos salvos de la ira» (Rom. 5:8-9).

Tú: • Si rechazas a Cristo y Su regalo, ¿qué afirma la Escritura que te sucederá?

• Jesucristo no pecó jamás en pensamiento, palabra ni obra. Sin embargo, en la cruz, cargó con los pecados de todos. Dios le dio la espalda y derramó toda Su ira sobre Su propio Hijo. Esto representa la justicia perfecta de Dios. Un único pecado nos separa de Él, sin excepción. Por eso, Jesús murió en nuestro lugar. Si no fuera así, ¿no crees que Dios le habría ahorrado el sufrimiento a Su propio Hijo? Murió en nuestro lugar. ¿Te gustaría recibir el perdón mediante Su sacrificio?

2. ¿Cómo sé si la Biblia es veraz?

Tú: • ¿Cuántas personas tendrían que arrojar una moneda al aire hasta que una de ellas obtuviera cara 30 veces seguidas? (mil millones)

• Una de las razones por las cuales creo que la Biblia es veraz es porque las 30 profecías registradas sobre el nacimiento, la muerte y la resurrección de Jesús se cumplieron. Es como obtener cara lanzando la moneda 30 veces seguidas.

• ¿Cuántas personas tendrían que arrojar una moneda hasta que una obtuviera cara 245 veces seguidas? Escogí ese número porque es una estimación prudente de la cantidad de profecías bíblicas ya cumplidas.

Lee: «Porque nunca la profecía fue traída por voluntad humana, sino que los santos hombres de Dios hablaron siendo inspirados por el Espíritu Santo» (2 Ped. 1:21).

Tú: ¿Puedo mostrarte algunos pasajes bíblicos que me cambiaron la vida?

Comentario adicional: Ver la objeción/respuesta: «Hay muchas traducciones de la Biblia» en este apéndice o en el capítulo 8.

3. ¿Cómo sé si tengo suficiente fe?

Tú: • Si te alcanza la fe para invitar a Cristo a tu corazón, tienes suficiente fe para recibirlo.

• Imagina a Moisés. Cuando guiaba al pueblo fuera de Egipto, se encontró con una tremenda barrera: el Mar Rojo. El ejército del Faraón se acercó a Moisés y las tribus de Israel, y Dios lo dirigió a cruzar el mar. Moisés se paró en la costa, preguntándose si tenía suficiente fe. En cuanto puso el pie en el agua el mar se partió. Dios honrará tu primer paso. Si en verdad quieres conocer a Jesús como Señor, da el primer paso y pídele que entre en tu corazón. ¿Estás listo?

Comentario adicional: Ver las objeciones/respuestas: «No estoy seguro de mi salvación» y «Ya lo intenté y no funcionó», en este apéndice o en el capítulo 8.

4. Dios no puede perdonarme.

Lee: «Y todo aquel que invocare el nombre del Señor, será salvo» (Rom. 10:13).

Tú: • ¿Qué significa para ti?

• ¿Puede Dios perdonar a un asesino que se arrepiente?

• ¿Puede perdonar a un ladrón de bancos?

• ¿Puede perdonarte a ti?

• *(Si tu amigo responde «sí»):* Oremos.

Comentarios adicionales: Ver también la objeción/respuesta: «No soy lo suficientemente bueno».

5. Es imposible saber cuál es la verdad.

Tú: ¿Por qué?

Nota: En este ejemplo práctico mantén una atmósfera amistosa. Con toda amabilidad, pregunta:

Tú:
- ¿Me prestas tu reloj? *(Puede ser también otra joya o una tarjeta de crédito.)* Coloca el reloj en tu bolsillo. Cuando pida que se lo devuelvas, sonríe.

- No, mi verdad es quitarle el reloj a las personas que no creen en la verdad. *(Cuando proteste, pregunta:)*

- ¿Por qué está mal robar?

- Mientras escuchas, sonríe y devuelve el reloj. *(Probablemente, te responda: «Porque está mal».)* ¿Cómo lo sabes? Acabas de decirme que no existe el bien ni el mal. ¿Cómo puede estar mal que te robe el reloj?

- Te diré cómo sé que está mal. Porque Dios lo confirma. Como verás, no puedes esconderte detrás del argumento de que no existe la verdad. ¿Puedo mostrarte algunos pasajes de la Escritura que me cambiaron la vida?

6. Hay demasiados hipócritas en la iglesia.

Tú:
- Tienes toda la razón. Hay hipócritas en todas las iglesias. Me alegra que te preocupe esto, porque cuando te unas a la iglesia perfecta, dejará de serlo.

- Jesús aconsejó que no siguiéramos a los hipócritas sino a Él.

- Qué bueno que reconozcas la diferencia entre un hipócrita y una persona genuina.

- *(Sonríe.)* Si aceptas a Cristo como tu Salvador y veo que comienzas a actuar como un hipócrita, te recordaré esta conversación.

- ¿Estás listo para orar?

  Nota: Algunos de tus amigos quizás quieran hablar de los evangelistas deshonestos que aparecen por televisión u otras personas que distorsionan la imagen de Cristo. En este caso,

Tú: Si me hiciera pasar por un agente inmobiliario para estafarte, ¿significaría que todos los agentes inmobiliarios son deshonestos? Por supuesto que no. Entonces, solo porque una persona afirme representar a Cristo, no significa que sea Su representante. Solo Cristo conoce su corazón. ¿Dejarías que alguien deshonesto te impidiera conocer el amor de Dios por ti? ¿Estás listo para orar?

7. Hay muchas religiones en el mundo.

Tú:
- He descubierto que todas las religiones del mundo pueden dividirse en dos grupos. Imagina que todas las religiones excepto el cristianismo están en mi mano izquierda: el mormonismo, el budismo, el hinduismo, el judaísmo, y todos los demás «ismos»; y el cristianismo está en mi mano derecha. Todos los de mi mano izquierda afirman dos cuestiones características: (a) Jesús no es Dios, o no es el único Dios. Puede ser un gran profeta, un maestro o un buen hombre, pero no es el Mesías; y (b) mediante tu propio esfuerzo (actos terroristas, una dieta en particular o buenas obras), puedes recibir alguna clase de salvación.

- Dos afirmaciones opuestas no pueden ser verdaderas. Si la pila de «ismos» fuera verdad, admitiría que mi fe es en vano. ¿Estarías dispuesto a admitir que, si el cristianismo de mi mano derecha es verdad, tu fe es en vano? Examinemos la evidencia para descubrir quién puede estar equivocado.

- El cristianismo afirma que Jesús es Dios que vino a nosotros mediante Jesús, quien vivió, murió en la cruz y resucitó para que tengamos vida eterna. El cristianismo asevera:

Lee: «Porque por gracia sois salvos por medio de la fe;
         y esto no de vosotros, pues es don de Dios; no por
         obras, para que nadie se gloríe» (Ef. 2:8-9).

Tú: • ¿Pueden ser ciertas ambas enseñanzas?

         • ¿Puedo mostrarte algunos pasajes bíblicos que me
         cambiaron la vida?

Comentario adicional: Ver las objeciones/respuestas «¿Las
sectas son la respuesta?», «Hay muchas religiones en el mundo»,
«Muchos caminos llevan a Dios», «Pertenezco a otra religión
mundial», «Soy judío», y «¿Cómo sé si la Biblia es veraz?», en este
apéndice o el capítulo 8.

8. Hay muchas traducciones de la Biblia.

Tú: • Tienes razón. ¿Pero sabías que todas declaran lo
         mismo?

         • Vayamos a Romanos 3:23.

Comentario adicional: En general, esta objeción surge solo
al principio de la «Presentación para testificar de Jesús».

9. Hice demasiadas cosas malas.

Comentario adicional: Ver las objeciones/respuestas: «No
soy lo suficientemente bueno» o «Dios no puede perdonarme»
en este apéndice o en el capítulo 8.

10. La Biblia tiene demasiados errores.

Tú: *(No te pierdas en vericuetos. En cambio, con todo el
         amor que puedas reunir, entrégale la Biblia a tu amigo.)*
         ¿Me mostrarías uno?

Amigo   Bueno, no puedo.

Tú: Yo tampoco. Vayamos a Romanos 3:23.

Comentario adicional: Ver la objeción/respuesta: «¿Cómo sé si la Biblia es veraz?» en este apéndice o en el capítulo 8.

11. La discusión nunca termina.

Tú:
- ¿Por qué estás enojado?

- ¿Por qué te produce tanta agresividad la presentación del evangelio?

- Si por alguna razón descubrieras que todo lo que he dicho sobre el evangelio y Jesús fuera verdad, ¿qué harías?

- *(Si replica que no quiere creer)* ¿Por qué? *(De lo contrario)* Qué bueno; yo era igual. *(Quizás puedas relatar brevemente tu testimonio, cómo Jesús te cambió la vida).*

- *(Intenta que se abra con una o más de las siguientes preguntas:)* Te he contado muchas cosas de mi vida. ¿Qué ha sido lo más traumático que te ha sucedido a ti? ¿Tienes algún temor? ¿Tienes miedo a la muerte? ¿Te lastimaron tus padres alguna vez? ¿Te aterra aceptar el amor de Dios? ¿Te has sentido amado alguna vez? ¿A veces te sientes solo?

- ¿Te gustaría aceptar a Jesús como tu Salvador?

Comentario adicional: No consideres que has fracasado si no responde. Sigue orando por él.

12. ¿Las sectas son la respuesta?

Tú:
- Si lo que crees no fuera verdad, ¿te gustaría saberlo?

- ¿Quién es Jesucristo? ¿No es interesante que Jesús afirmara ser Dios? *(Lee los siguientes pasajes bíblicos en voz alta.)*

Lee:
«Yo y el Padre uno somos» (Juan 10:30).

Tú: La traducción literal significa que Jesús y el Padre tienen la misma esencia.

Lee: • «Si me conocieseis, también a mi Padre conoceríais; y desde ahora le conocéis, y le habéis visto» (Juan 14:7).

         • «Yo soy el Alfa y la Omega, principio y fin, dice el Señor, el que es y que era y que ha de venir, el Todopoderoso» (Apoc. 1:8).

Tú: Sabemos que era Jesús quien hablaba en Apocalipsis 1:8, porque el libro cierra confirmando:

Lee: «El que da testimonio de estas cosas dice: Ciertamente vengo en breve. Amén; sí, ven, Señor Jesús» (Apoc. 22:20).

Lee: • «Él es la imagen del Dios invisible, el primogénito de toda creación. Porque en él fueron creadas todas las cosas, las que hay en los cielos y las que hay en la tierra, visibles e invisibles; sean tronos, sean dominios, sean principados, sean potestades; todo fue creado por medio de él y para él» (Col. 1:15-16).

         • «Antes que Abraham fuese, yo soy» (Juan 8:58).

         • «Y respondió Dios a Moisés: YO SOY EL QUE SOY. Y dijo: Así dirás a los hijos de Israel: YO SOY me envió a vosotros» (Ex. 3:14).

Tú: El pueblo judío quería apedrear a Jesús porque sabía que se autodenominaba Dios al llamarse a sí mismo «yo soy». Aludía al nombre divino de Dios en Éxodo 3:14.

Lee: • «Por esto los judíos aun más procuraban matarle, porque no sólo quebrantaba el día de reposo, sino que también decía que Dios era su propio Padre, haciéndose igual a Dios» (Juan 5:18).

- «Entonces Tomás respondió y le dijo: ¡Señor mío, y Dios mío! Jesús le dijo: Porque me has visto, Tomás, creíste; bienaventurados los que no vieron, y creyeron» (Juan 20:28-29).

- «Y otra vez, cuando introduce al Primogénito en el mundo, dice: Adórenle todos los ángeles de Dios» (Heb. 1:6).

Tú: ¿Jesús pecó alguna vez?

Lee: «Porque no tenemos un sumo sacerdote que no pueda compadecerse de nuestras debilidades, sino uno que fue tentado en todo según nuestra semejanza, pero sin pecado» (Heb. 4:15).

Tú: ¿Quién puede perdonar los pecados sino Dios? Si Jesús no fuera Dios, ¿cómo podría perdonar el pecado sin pecar?

Lee: «Y sucedió que le trajeron un paralítico, tendido sobre una cama; y al ver Jesús la fe de ellos, dijo al paralítico: Ten ánimo, hijo; tus pecados te son perdonados [...]. Pues para que sepáis que el Hijo del Hombre tiene potestad en la tierra para perdonar pecados (dice entonces al paralítico): Levántate, toma tu cama, y vete a tu casa. Entonces él se levantó y se fue a su casa» (Mat. 9:2-7).

Tú: ¿Por qué permitió Jesús que otros lo adoraran si no era Dios?

Lee: «Y él dijo: Creo, Señor; y le adoró» (Juan 9:38).

Tú: ¿Puedo mostrarte algunos pasajes bíblicos que me cambiaron la vida? *(Muéstrale los «Pasajes bíblicos para testificar de Jesús»)*. También puedes preguntar: «¿Puedo contarte cómo Cristo cambió mi vida?».

Nota: Algunos malinterpretarán lo que significa que Dios el Hijo y Dios el Padre sean el mismo. Si esto sucede:

Tú: Yo soy hijo y hermano *(o lo que mejor te describa)*. Aunque tengo distintas funciones como hijo y como hermano, soy la misma persona. Dios es Dios Hijo y Dios Padre. Tiene distintas funciones, pero es la misma persona. ¿Te gustaría conocerlo?

Comentarios adicionales: Jesús dijo que era Dios. Si era un buen hombre y jamás pecó, ¿cómo pudo mentir? Además, permitió que otros lo adoraran y perdonó pecados. ¿Cómo pudo hacerlo si no era Dios?

También, ver las objeciones/respuestas: «Pertenezco a otra religión mundial», «Hay muchas religiones en el mundo» y «Muchos caminos llevan a Dios» en este apéndice o en el capítulo 8.

13. Lo único que quiere la iglesia es mi dinero.

Tú: • ¿Alguna vez te pidieron dinero en la iglesia? Es cierto que la mayoría acepta ofrendas. Pero, en general, se espera que los miembros la den, no los visitantes.

• Dios no quiere tu dinero. Pero cuando te transformas en un creyente, algo sucede en tu corazón. Das, porque quieres hacerlo. Si no lo haces con alegría, no ofrendes.

• La iglesia no quiere tu dinero; quiere que rindas tu vida a Jesús. ¿Estás dispuesto a hacerlo?

14. Me estoy divirtiendo demasiado.

Tú: • ¿Por qué?

• *(Refiérete a la respuesta de tu amigo. Por ejemplo:)* En otras palabras, te gusta el ambiente fiestero: sexo, drogas y *rock and roll*.

• Según este pasaje, cuando mueras, ¿adónde irás?

- Conduce con cuidado; *(o)* Que tengas un buen día.

- *(Si responde «al infierno», con temor y temblor):* ¿Estás listo para aceptar a Jesucristo como tu Salvador?

Comentario adicional: Quizás tengas que abandonar esta conversación, pero recuerda darle a tu amigo tu número de teléfono por si quiere llamarte en unos días. Sigue orando.

15. Mis amigos creerán que estoy loco si acepto a Jesús.

Tú:
- ¿Por qué?

- Si en verdad son tus amigos, ¿no se alegrarán de que el Dios del universo viva en ti y todos tus pecados hayan sido perdonados? Después de todo, cuando vean el cambio en ti, quizás quieran lo mismo para ellos.

Lee:
«Así os digo que hay gozo delante de los ángeles de Dios por un pecador que se arrepiente» (Luc. 15:10).

Tú:
¿Estás listo?

16. Mis creencias son privadas.

Tú:
- ¿Por qué?

- Si lo que crees no fuera verdad, ¿te gustaría saberlo? ¿Puedo compartir algunos pasajes bíblicos contigo?

Comentario adicional: El objetivo es llegar a la verdadera objeción de la persona. Lo más probable es que otro cristiano lo haya herido. Si te cuenta una mala experiencia con un creyente que intentó testificarle, consulta la objeción: «Un cristiano me hirió», en este apéndice o en el capítulo 8.

17. Muchos caminos llevan a Dios.

Tú: Tienes razón; todos los caminos llevan a Dios, pero el problema es el siguiente: ¿qué harás cuando llegues a Él? Porque Dios te recibirá como tu Salvador o tu Juez.

Lee: «Para que en el nombre de Jesús se doble toda rodilla de los que están en los cielos, y en la tierra, y debajo de la tierra; y toda lengua confiese que Jesucristo es el Señor, para gloria de Dios Padre» (Fil. 2:10–11).

Tú: ¿Estás listo para invitar a Cristo a tu corazón?

Comentario adicional: Ver las objeciones/respuestas: «¿Las sectas son la respuesta?», «Pertenezco a otra religión mundial», «Yo soy Dios», «Hay muchas religiones en el mundo», «No soy suficientemente bueno», y «Es imposible saber qué es la verdad», en este apéndice o en el capítulo 8.

18. No creo en Dios.

Tú: • *(Si esta objeción aparece al principio de la presentación, pregunta: «¿Por qué?»).*

• ¿Puedo mostrarte algunos pasajes bíblicos que me cambiaron la vida? *(Muéstrale los «Pasajes bíblicos para testificar de Jesús»).*

• *(Si esta objeción aparece al final de la presentación, pregunta: «¿Por qué?»).*

• Si te convencieras de que Dios existe, ¿estarías dispuesto a entregarle tu vida? ¿Estarías dispuesto a pedirle a un Dios inexistente que te ayude a creer?

Ora: Dios, si eres real, ayúdame a creer.

Tú: Volvamos a hablar en unos días/semanas.

Comentario adicional: Si necesitas más ayuda, recomiéndale a tu amigo que lea *Más que un carpintero*, de Josh McDowell.

19. No creo que la resurrección haya ocurrido.

Tú: Me alegra que sea tu único obstáculo, porque si algo hizo Dios por nosotros fue proporcionar una evidencia abrumadora de la resurrección. Es más, en la Universidad de Harvard, se hizo un simulacro y se llegó a una conclusión clara: La evidencia probó contundentemente la resurrección de Jesucristo.

Lee: «Me buscaréis y me hallaréis, porque me buscaréis de todo vuestro corazón» (Jer. 29:13).

Tú: Si quieres probar tu corazón ahora mismo, ¿por qué no inclinas la cabeza?

Ora: Señor Jesús, si la resurrección fue real, ayúdame a creer.

Nota: Si tu amigo está listo, puedes ayudarlo a orar.

Ora: Soy pecador, y quiero que todos mis pecados sean perdonados. Quiero creer que Jesús murió en la cruz por mi pecado.

Tú: ¿Oraste de corazón? Porque Dios te ayudará a creer.

Comentario adicional: Si tu amigo quiere ver pasajes bíblicos que hablen sobre la deidad de Cristo, ver la objeción/respuesta: «¿Las sectas son la respuesta?». Otras objeciones/respuestas que pueden ayudar son: «Pertenezco a otra religión mundial», «Hay muchas religiones en el mundo», «Soy judío» y «Muchos caminos llevan a Dios».

20. No estoy listo.

Tú:
- ¿Por qué? *(Permite que tu amigo responda.)*

- ¿De veras dejarás que *(su respuesta)* te separe de Dios?

- *(Si la respuesta es no:)* ¿Estás listo para invitar a Cristo a tu vida?

Comentario adicional: En respuesta a tu «¿Por qué?», tu amigo puede decirte: «No estoy listo porque esta información es nueva para mí. Es una manera completamente distinta de pensar, y quiero calcular el costo». Debes estar preparado para detener la presentación y dejar a tu amigo a la soberanía y el control de Dios. Di algo como: «Disfruté este momento, y estaré orando por ti. ¿Podemos volver a hablar dentro de algunos días o semanas?».

Ver la objeción/respuesta: «Quiero pensarlo primero» en este apéndice o en el capítulo 8.

21. No estoy seguro de mi salvación.

Nota: A veces te encontrarás con alguien que ha invitado a Cristo a su corazón con sinceridad, pero siente que no es salvo.

Tú:
- Ese es un hermoso reloj. Si lo perdieras, lo extrañarías cuando quisieras ver la hora. Pero si nunca lo hubieras tenido, no te preocuparía mirarlo ni perderlo.

- ¿No es interesante que te preocupe no ser salvo? No puede inquietarte perder lo que no tienes. Seguramente, antes de invitar a Cristo a tu vida, no te preocupaba que no estuviera en tu corazón.

- Para mí, tu inquietud es una confirmación maravillosa de tu salvación.

Lee:
«Por lo cual estoy seguro de que ni la muerte, ni la vida, ni ángeles, ni principados, ni potestades, ni lo presente, ni lo por venir, ni lo alto, ni lo profundo, ni ninguna otra cosa creada nos podrá separar del amor de Dios, que es en Cristo Jesús Señor nuestro» (Rom. 8:38-39).

Tú: ¿Qué significa para ti?

Lee: «En él también vosotros, habiendo oído la palabra de verdad, el evangelio de vuestra salvación, y habiendo creído en él, fuisteis sellados con el Espíritu Santo de la promesa, que es las arras de nuestra herencia hasta la redención de la posesión adquirida, para alabanza de su gloria» (Ef. 1:13-14).

Tú:
- Quiero que sepas, querido amigo, que apenas invitaste a Cristo a tu vida, fuiste salvo. Dios garantiza que un día estarás con Él en el cielo.

- La mayoría de los cristianos han experimentado los mismos temores. Debes dejarlos atrás para poder crecer en la fe. Descubrirás que leer la Biblia, orar y pasar tiempo con otros creyentes te ayuda a fortalecer tu fe.

- Déjame ayudarte a comenzar. ¿Puedo llevarte a la iglesia el próximo domingo?

Comentario adicional: Ver las objeciones/respuestas: «¿Cómo sé si tengo suficiente fe?» y «Ya lo intenté y no funcionó» en este apéndice o en el capítulo 8.

22. No puedo practicar el estilo de vida cristiano.

Tú: Me alegra que comprendas que hace falta un cambio. Pero a diferencia del pasado, ya no tendrás que cambiar solo.

Lee: «Todo lo puedo en Cristo que me fortalece» (Fil. 4:13).

Tú: Dios quiere tu deseo, no tu capacidad. Quiere tu voluntad de hacerlo. ¿Deseas ahora seguir a Jesucristo como Señor?

Comentario adicional: Si la respuesta es afirmativa, es hora de hacer la oración de entrega.

23. No soy lo suficientemente bueno.

Tú:
- ¿Por qué?

- Tenemos algo en común. No somos lo suficientemente buenos. Es un problema. Solo hay dos maneras de llegar al cielo: ser perfectos, sin cometer un solo pecado de palabra, obra o pensamiento, o nacer de nuevo. Puedo nacer de nuevo aceptando en mi corazón la obra completa y la persona de Jesucristo, que pagó el precio por mis pecados. Él tiene el poder de perdonarme gracias a Su nacimiento, Su muerte y Su resurrección. Solo cuando creo en Él y acepto Su perdón, puede borrar mis pecados pasados. Personalmente, lo acepto porque nunca podré ser lo suficientemente bueno para alcanzar la perfección.

Lee:
- «Porque por gracia sois salvos por medio de la fe; y esto no de vosotros, pues es don de Dios; no por obras, para que nadie se gloríe» (Ef. 2:8–9).

- «Si confesares con tu boca que Jesús es el Señor, y creyeres en tu corazón que Dios le levantó de los muertos, serás salvo. Porque con el corazón se cree para justicia, pero con la boca se confiesa para salvación» (Rom. 10:9–10).

- «Y todo aquel que invocare el nombre del Señor, será salvo» (Rom. 10:13).

Tú:
¿Te incluye esto a ti? ¿Estás listo para que Dios perdone tus pecados?

Comentarios adicionales: Ver la objeción/respuesta: «Dios no puede perdonarme» en este apéndice o en el capítulo 8.

24. No soy pecador.

Lee:
«Amarás al Señor tu Dios con todo tu corazón, y con toda tu alma, y con toda tu mente» (Mat. 22:37).

Tú: • ¿Alguna vez amaste a Dios con todo tu corazón, tu alma, tu mente y tus fuerzas? ¿No? Esa es la definición de pecado.

• Vayamos al siguiente pasaje.

25. Pertenezco a otra religión mundial.

Tú: • ¿Alguna vez escuchaste sobre el cristianismo?

• ¿Quién te enseñó tu primera mentira?

• Casi todos han mentido. Nadie tuvo que enseñarme a mentir. Ni mis padres ni mis amigos me dieron clases de mentira. Salió de mí mismo. Viene de nuestra naturaleza pecaminosa.

• Déjame contarte la historia de Adán y Eva en el jardín del Edén. Antes de desobedecer a Dios, el jardín era perfecto. No había mal porque no existía el pecado. Cuando Adán y Eva desobedecieron a Dios y comieron el fruto prohibido, el pecado entró en el mundo y en nosotros. Por eso, no es necesario aprender a mentir, engañar, robar, mirar con lujuria o envidiar a los demás. Es parte de nuestra naturaleza.

• Déjame mostrarte algunos pasajes bíblicos para explicar esta idea. (*Muéstrale los «Pasajes bíblicos para testificar de Jesús»*).

Comentario adicional: Ver las objeciones/respuestas: «¿Las sectas son la respuesta?»,«Hay muchas religiones en el mundo», «Soy judío» y «Muchos caminos llevan a Dios», en este apéndice o en el capítulo 8.

26. ¿Por qué Dios permite que sucedan cosas malas?

Nota: Permítele a la persona que se desahogue si es necesario. Tu tarea es escuchar. Cuando termine:

Tú: • ¿Qué me dices de ti? ¿Quién te enseñó tu primera mentira?

        • Déjame contarte la historia de Adán y Eva en el jardín del Edén. Antes de desobedecer a Dios, el jardín era perfecto. No había mal porque no existía el pecado. Cuando Adán y Eva desobedecieron a Dios y comieron el fruto prohibido, el pecado entró en el mundo y en nosotros. Por eso, no es necesario aprender a mentir, engañar, robar, mirar con lujuria o envidiar a los demás. Es parte de nuestra naturaleza.

        • Jesús cambió mi vida. Me perdonó y me enseñó a apoyar mis decisiones en Su bondad. ¿Te gustaría conocer Su perdón?

        Nota: Si tu amigo lucha con una tragedia personal, continúa:

Tú: Quizás te preguntes por qué Dios permitió que esto te sucediera. Pero tienes dos opciones. Puedes transitar el resto de tu vida solo en tu dolor, o puedes escoger aferrarte a una mano con las cicatrices de la cruz. ¿Qué quieres hacer?

27. ¿Qué sucede con los que nunca escuchan el evangelio?

Tú: • Ese no es tu caso, ¿no?

        • Según la Biblia ¿qué les sucederá a los que sí lo escucharon y no respondieron?

        • Tú escuchaste el evangelio. ¿Responderás?

Comentario adicional: Puedes pedirle a tu amigo que lea el siguiente pasaje en voz alta: «Porque las cosas invisibles de él, su eterno poder y deidad, se hacen claramente visibles desde la creación del mundo, siendo entendidas por medio de las cosas hechas, de modo que no tienen excusa» (Rom. 1:20).

28. Quiero pensarlo primero.

Lee: «Porque la paga del pecado es muerte, mas la dádiva de Dios es vida eterna en Cristo Jesús Señor nuestro» (Rom. 6:23).

Tú: • Según este pasaje, cuando mueras, ¿adónde irás?

• Conduce con cuidado; *(o)* Que tengas un buen día.

• *(Si tu amigo responde «al infierno», con temor y temblor):* ¿Estás listo para aceptar a Jesucristo como tu Salvador?

Comentario adicional: Si alega que no está listo, tendrás que liberarlo de esta conversación, pero no olvides darle tu número de teléfono por si quiere llamarte en unos días. Sigue orando. Además, ver la objeción/respuesta: «No estoy listo» en este apéndice o en el capítulo 8.

29. Seguramente te crees mejor que yo.

Tú: • No soy mejor que tú; simplemente, estoy mejor.

• Como tú, transgredí los mandamientos y las leyes de Dios y estaba condenado al infierno. Pero por Su gracia y Su amor incondicional, Dios envió a alguien a mi vida para hablarme de Jesús. Entonces pude comprender cuán sucio estaba en la presencia de un Dios santo.

• Le pedí a Dios que me perdonara, y lo hizo. No significa que sea mejor que tú, sino que mis pecados han sido perdonados.

• Ahora te doy la misma oportunidad que me dieron a mí.

• ¿Te gustaría recibir el perdón y saber lo que es nacer de nuevo y tener una relación personal con Jesucristo?

30. Siempre creí en Dios.

Lee: «Tú crees que Dios es uno; bien haces. También los demonios creen, y tiemblan» (Sant. 2:19).

Tú: • Qué bueno que crees en Dios. Eso es maravilloso. Pero también el diablo cree. Es más, incluso ha visto a Dios. ¿Acaso tú eres diferente?

• ¿Te gustaría recibir a Jesús como tu Salvador?

31. Soy judío.

Nota: Cuando alguien manifiesta no poder creer en Jesús, pregunta: «¿Por qué?». Si contesta que es judío:

Tú: • ¿Asistes a alguna sinagoga?

• ¿Sabías que el judaísmo es la raíz de mi fe cristiana?

• Creo que Jesús es el Cristo, el Mesías. ¿Sabías que afirmó ser Dios?

Lee: «Yo y el Padre uno somos» (Juan 10:30).

Tú: Sé que no es un mentiroso, porque jamás pecó. Evidentemente no es un lunático, porque Su vida y Sus enseñanzas demuestran que era brillante, equilibrado y amoroso con los demás. Por tanto, solo puedo creer que es el Señor.

Además, los judíos de la época sabían perfectamente quién afirmaba ser Jesús, porque intentaron matarlo cuando aseveró:

Lee: «Antes que Abraham fuese, yo soy» (Juan 8:58).

Tú: El pueblo judío sabía que Jesús se refería a sí mismo con el nombre divino de Dios que se encuentra en Éxodo 3:14.

Lee: «Y respondió Dios a Moisés: YO SOY EL QUE SOY. Y dijo: Así dirás a los hijos de Israel: YO SOY me envió a vosotros» (Ex. 3:14).

Tú: Si cualquiera de las dos cosas (que Jesús es el Mesías o que se levantó de entre los muertos) fuera verdad, ¿considerarías tener una relación personal con Él para completar tu fe judía?

Comentario adicional: En este momento, quizás quieras invitar a tu amigo a visitar una congregación mesiánica contigo, donde pueda ver a otros judíos expresando su fe en Cristo. También puedes darle una copia del libro de Josh McDowell, *Más que un carpintero*, o del Evangelio de Juan para leer. Ver las objeciones/respuestas: «Pertenezco a otra religión mundial», «Hay muchas religiones en el mundo», «¿Cómo sé si la Biblia es veraz?», y «¿Las sectas son la respuesta?», en este apéndice o en el capítulo 8.

Tú: *(Si hablo con un judío practicante, avanzo.)* «¿Alguna vez te preguntaste por qué Jesús afirmó ser Dios?».

Lee: «¿Quién ha creído a nuestro anuncio? ¿y sobre quién se ha manifestado el brazo de Jehová?

        Subirá cual renuevo delante de él, y como raíz de tierra seca; no hay parecer en él, ni hermosura; le veremos, mas sin atractivo para que le deseemos.

        Despreciado y desechado entre los hombres, varón de dolores, experimentado en quebranto; y como que escondimos de él el rostro, fue menospreciado, y no lo estimamos.

        Ciertamente llevó él nuestras enfermedades, y sufrió nuestros dolores; y nosotros le tuvimos por azotado, por herido de Dios y abatido.

        Mas él herido fue por nuestras rebeliones, molido por nuestros pecados; el castigo de nuestra paz fue sobre él, y por su llaga fuimos nosotros curados.

Todos nosotros nos descarriamos como ovejas, cada
cual se apartó por su camino; mas Jehová cargó en
él el pecado de todos nosotros.

Angustiado él, y afligido, no abrió su boca; como
cordero fue llevado al matadero; y como oveja
delante de sus trasquiladores, enmudeció, y no
abrió su boca.

Por cárcel y por juicio fue quitado; y su generación,
¿quién la contará? Porque fue cortado de la tierra
de los vivientes, y por la rebelión de mi pueblo fue
herido.

Y se dispuso con los impíos su sepultura, mas con
los ricos fue en su muerte; aunque nunca hizo
maldad, ni hubo engaño en su boca.

Con todo eso, Jehová quiso quebrantarlo, sujetándole
a padecimiento. Cuando haya puesto su vida en
expiación por el pecado, verá linaje, vivirá por
largos días, y la voluntad de Jehová será en su
mano prosperada.

Verá el fruto de la aflicción de su alma, y quedará
satisfecho; por su conocimiento justificará mi siervo
justo a muchos, y llevará las iniquidades de ellos.

Por tanto, yo le daré parte con los grandes, y con los
fuertes repartirá despojos; por cuanto derramó
su vida hasta la muerte, y fue contado con los
pecadores, habiendo él llevado el pecado de muchos,
y orado por los transgresores». (Isa. 53:1-12).

Tú: ¿A quién crees que se describe aquí?

¿Por qué crees que muchas sinagogas no permiten leer
este capítulo de Isaías?

¿Sabes por qué ya no se hacen sacrificios en el templo?

(*Espera la respuesta, y luego pregunta:*) ¿Podría ser
porque Jesús es el Cordero inmolado de Dios?

Comentario adicional: No insisto más. Mi objetivo es tener una charla cálida y amistosa que lleve a otras conversaciones. Si el otro se muestra interesado en saber más, lo invito a visitar a un pastor mesiánico de la zona, alguien que sabrá mucho más sobre el Antiguo Testamento que yo. Otro judío comprenderá mucho mejor la cultura y los sentimientos de mi amigo.

Si compruebo que mi amigo no asiste a la sinagoga y es lo que yo llamo un judío «secular», le presento los mismos pasajes sobre Cristo usados en la respuesta a la objeción 12: «¿Las sectas son la respuesta?».

32. Soy una buena persona.

Tú:
- ¿Según qué medida?

- ¿Alguna vez asesinaste a alguien?

  Nota: Cuando tu amigo responda a la pregunta anterior, no le des tiempo a contestar las siguientes:

Tú:
- Veamos la definición de Dios. ¿Alguna vez te enojaste, insultaste a alguien o le hiciste un ademán exasperado a alguien en la autopista? Si es así, según la medida de Dios, eres un asesino.

- ¿Alguna vez miraste a alguien del sexo opuesto con lujuria?

- Por cierto, si contestas que no, sé que mientes. Según la medida de Dios, si has mirado con lujuria eres culpable de adulterio.

- ¿Antepusiste alguna vez una relación, un trabajo o un pasatiempo a una relación con Dios? Si lo hiciste, esas cosas se transformaron en ídolos.

- Debido a la santidad de Dios, es imposible estar a la altura de Su medida de perfección. Como Él es juez y jurado, tenemos que ganar Su aprobación.

Lee: «Porque cualquiera que guardare toda la ley, pero ofendiere en un punto, se hace culpable de todos» (Sant. 2:10).

Tú: Quiero que sepas que yo también he sido culpable. La diferencia es que encontré perdón en Jesús. ¿Quieres esa clase de perdón?

Comentario adicional: Recuerda ser amable con tu amigo. Dios tiene el control de su vida. Ver la objeción/respuesta: «No soy pecador» en este apéndice o en el capítulo 8.

33. Un cristiano me hirió.

Tú:
- Lo lamento mucho. ¿Aceptarías mis disculpas en nombre de quienes te lastimaron?

- *(Si corresponde:)* ¿Has intentado alguna vez amar a alguien y lo has estropeado todo? Tenías buenas intenciones, pero todo salió mal. ¿Crees que por su deseo de que conocieras a Jesús, tu amigo pudo equivocarse en la manera de explicar las cosas?

- Jesús no aprobaría esa conducta descortés. A propósito, ¿quién es Jesús en tu opinión?

34. Ya lo intenté y no funcionó.

Tú:
- ¿Qué intentaste?

- *(Si tu amigo contesta algo como: «Una vez intenté orar y nada sucedió»):* Puede ser. Cuando oraste, ¿lo hiciste de corazón?

- *(En general, no está del todo seguro.)* Cuéntame cómo fue el momento de entregar tu vida a Cristo.

- *(¿Tiene sentido el testimonio; parece genuino?)* Tomemos un minuto para ver las Escrituras. Lee estos pasajes en voz alta, y dime lo que significan.

- *(Si el testimonio no parece genuino):* Si nunca tuviste deseos de leer la Biblia ni de tener comunión con otros creyentes, es posible que no hayas nacido de nuevo.

- ¿Quisieras asegurarte?

- *(Si responde «sí»):* Repasemos los pasajes bíblicos para ayudarte a comprender mejor el evangelio. *(Muéstrale los siete «Pasajes bíblicos para testificar de Jesús» y dirígelo en oración.)*

Comentario adicional: Ver: «¿Cómo sé si tengo suficiente fe?» o «No estoy seguro de mi salvación» en este apéndice o en el capítulo 8.

35. ¿Y qué sucede con mi familia?

Tú: ¿Qué sucede con tu familia?

Lee: «El que quiere a su padre o a su madre más que a mí no es digno de mí; el que quiere a su hijo o a su hija más que a mí no es digno de mí; y el que no toma su cruz y me sigue no es digno de mí» (Mat. 10:37-38).

Tú: ¿Qué significa para ti?

Lee: «¿Pensáis que he venido para dar paz en la tierra? Os digo: No, sino disensión. Porque de aquí en adelante, cinco en una familia estarán divididos, tres contra dos, y dos contra tres. Estará dividido el padre contra el hijo, y el hijo contra el padre; la madre contra la hija, y la hija contra la madre; la suegra contra su nuera, y la nuera contra su suegra» (Luc. 12:51-53).

Tú: - ¿Qué significa para ti?

        - ¿Estás listo para orar?

36. Yo soy Dios.

Tú:	Necesito un auto nuevo; ¿podrías crearme uno? Sin duda, un Dios todopoderoso como tú puede hacerlo.
Lee:	«No tendrás dioses ajenos delante de mí» (Ex. 20:3).
Tú:	¿Qué significa para ti?
Lee:	«Cambiaron la verdad de Dios por la mentira, honrando y dando culto a las criaturas antes que al Creador, el cual es bendito por los siglos. Amén» (Rom. 1:25).
Tú:	¿Qué significa para ti?
Lee:	«El cual nos ha librado de la potestad de las tinieblas, y trasladado al reino de su amado Hijo, en quien tenemos redención por su sangre, el perdón de pecados. Él es la imagen del Dios invisible, el primogénito de toda creación. Porque en él fueron creadas todas las cosas, las que hay en los cielos y las que hay en la tierra, visibles e invisibles; sean tronos, sean dominios, sean principados, sean potestades; todo fue creado por medio de él y para él. Y él es antes de todas las cosas, y todas las cosas en él subsisten» (Col. 1:13-17).
Tú:	• ¿Qué significa para ti?
	• Según este pasaje, solo Dios es Dios. No es «todas las cosas»; es el Creador en quien todas las cosas subsisten.
	• Yo no soy Dios, pero Él vive en mí. ¿Te gustaría que Dios estuviera dentro de ti?».

Apéndice 4:
TAREA

Tu tarea es marcar los pasajes bíblicos y preguntas adicionales en tus Biblias para testificar y, a continuación, formular las primeras cinco preguntas al menos a una persona esta semana. Ora pidiendo la dirección de Dios. Busca oportunidades. Llama a aquellos que Dios ponga en tu corazón. Si necesitas prepararte, haz las preguntas a un amigo, o practícalas en voz alta. Obedece al llamado de Dios y testifica de Jesús sin temor.

- Ya no seré un cristiano callado.

- Buscaré constantemente a las personas en quienes Dios está obrando, para poder testificar de Jesús.

- Como entiendo que el poder de la resurrección de Cristo vive en mí y nada me falta para cumplir la Gran Comisión de mi Señor, obedeceré este mandamiento y haré discípulos.

- Viviré para demostrar de forma activa el pasaje de Filemón 6, y permitiré que Dios cumpla Sus promesas en mi vida.

«Ruego que la comunión de tu fe llegue a ser eficaz por el conocimiento de todo lo bueno que hay en vosotros mediante Cristo» (Filemón 6, LBLA).

Firma: _____ Fecha: _____

Apéndice 5:

EL TESTIMONIO
DE BILL FAY

Mi vida comenzó en una familia de clase media-alta. Mi padre era vicepresidente de una empresa de gastronomía llamada *General Foods*, y sacó al mercado una línea de productos congelados llamados *Birds Eye*.

Mientras tanto, me crié en la clásica cuna de oro. Mi mayor preocupación como joven adulto fue intentar obtener el dinero de mi padre antes de que lo dilapidara. No lo conseguí. Vi morir a mi padre como un indigente, en un hospital de veteranos y sin un centavo a su nombre.

Decidí que eso no me sucedería. Sería el número uno y me aseguraría los bienes materiales, a cualquier precio.

A los 16 años dejé embarazada a una chica y me casé. Pronto partí para la universidad, donde aprendí algunas habilidades singulares. Por ejemplo, mis hábitos de estudio se suavizaron cuando me enteré de que los exámenes llegaban antes a la sala del mimeógrafo que a las manos de los profesores. También conocí a un hombre que me enseñó cómo ser un apostador profesional y un tramposo con las cartas. Comencé a pagar mis gastos universitarios con lo que ganaba con mi baraja.

Tras la graduación, me divorcié, progresé en mi carrera y encontré otra mujer para casarme. Era sumamente agradable y amable, y me permitía hacer lo que yo quisiera, cuando quisiera.

A los 22 años, me contrató una empresa de Atlanta. Estaba decidido a ser el mejor en todo. Fui el mejor vendedor, el mejor gerente de distrito, y listo para ser el mejor gerente regional.

Me encantaba el golf, porque me permitía timar a los miembros del club de campo en el bar del lugar, donde mi baraja estaba cargada. Sin problema pagué la tarifa inicial del club de golf, 15.000 dólares, timando a los pobres que jugaban a las cartas conmigo.

La locura se disparó en mi vida. Por mi reputación como apostador, me invitaron a Las Vegas. Cuando llegué, me impresionaron el poder, las limosinas, la fuente en medio de mi *suite*, las mujeres llamativas y la cantidad interminable de dinero. Pensé: *Si puedo meterme en esto, mi vida estará solucionada.*

Una noche fui a la mesa de bacará, donde jugaban los pesos pesados. Me atrajo porque usaban dinero en efectivo en lugar de fichas, y sobre la mesa solían verse millones de dólares.

Un día vi cómo un hombre perdía una y otra vez. En 20 minutos dilapidó 200.000 dólares. Acababa de tomar unos tragos; lo miré y le comenté: «No tienes ni idea de lo que haces, ¿no?».

Me respondió: «Sabiondo, si eres tan inteligente, ¿por qué no me muestras cómo se hace?».

Me invitó al otro lado de la calle, al *Caesars Palace*. Cuando entramos, me di cuenta de que lo conocían. Los repartidores de cartas levantaron la vista, y la multitud le abrió paso mientras se acercaba a la mesa de bacará. Susurró algo al oído del crupier; este despejó la mesa y quitó el límite de apuestas. Pidió 50.000 dólares con la misma soltura con que solicitaría un vaso de leche, y me entregó el dinero. Me dijo: «Juega, sabiondo».

Tuve una racha de suerte. En unos 15 minutos había ganado un poco más de 250.000 dólares. Este hombre no solo se convirtió en mi amigo, sino también en mi padrino. Me enredé con la mafia: el hampa, el sindicato… y comencé a comercializar el dinero de la mafia al por mayor por todo el país.

A pesar de mis contactos ilegales, seguí adelante con mi vida empresarial: logro tras logro, ascenso tras ascenso. Ya dirigía una empresa importante en Houston. Un día, estaba tan loco que, mientras hablaba por teléfono con una mujer de la ciudad de Kansas, le pregunté cómo era físicamente.

Me dijo que era atractiva, y le pregunté: «¿Qué quieres de la vida?».

Cuando me respondió: «Poder y dinero», tomé el primer avión para conocerla. La llevé a cenar y le sugerí: «Casémonos».

Volví a mi casa e informé a la que había sido mi esposa durante doce años que la dejaba. A continuación, me subí a mi Cadillac, conduje hasta Kansas, recogí a aquella mujer, y luego a Denver, para convertirme en el nuevo director ejecutivo de una empresa internacional multimillonaria.

Una tarde estaba en mi oficina, mirando fijamente mi escritorio de caoba. Mi limusina con chofer estaba estacionada afuera. Tenía una cuenta de gastos ilimitada, anillos de diamantes, relojes Rolex, y joyas de oro. Pensé: *¿Y ahora, qué? Tengo dinero legal e ilegal, poder en los negocios y en el ámbito ilegal. Sin embargo, me falta algo.*

Desestimé ese pensamiento. No podía permitirme pensar así demasiado tiempo. Seguí firme en mi objetivo de triunfar como jugador nacional de *racquetball* y casi lo logro. Sin embargo, independientemente de lo que hiciera, descubrí que solo me entretenía temporalmente.

Nadie sabía lo solo que me sentía en realidad. Mi tercera esposa decidió dejarme por otro hombre. Solo por la gracia de Dios no contraté a alguien para que la matara.

Entonces conocí a mi actual esposa, Peggy. Cuando comenzamos a salir, decidí crear una empresa nueva pero inusual. Como comprendía la soledad de la vida del hombre, construí *Fantasy Island* [Isla de fantasía] en Lakewood, Colorado. *Fantasy Island* se transformó en uno de los burdeles más grandes de Estados Unidos.

Un día, llevé a Peggy a Las Vegas para mostrarle cómo respondían las personas a todos mis caprichos. Parece irónico, pero mientras estábamos sentados a la misma mesa de bacará donde comenzó toda la locura años antes, me llamó mi abogado. —Se ha emitido una orden de arresto contra ti —me anunció.

—¿Por qué? No he hecho nada. —Fue mi reacción.

—Hicieron una redada en el burdel. Está en todas las noticias —me respondió.

—¿Por qué? —pregunté pasmado.

Al regresar, me arrestaron y me dieron la libertad condicional. Para mí, esto solo significó: «No dejes que te vuelvan a atrapar».

Tenía las manos limpias, pero mi corazón no había cambiado. Sabía que si me atrapaban por algo, iría a la cárcel de seis a ocho años. Pero aun así estaba dispuesto a aceptar cualquier trato, siempre que fuera conveniente para mí.

A mi empresa no le gustó que su director ejecutivo saliera a diario en los diarios nacionales durante una semana, así que me despidieron. No me afectó en absoluto; comencé a buscar un puesto directivo y a ganar mucho dinero nuevamente. Así que, en muchos aspectos, seguía siendo un ganador; pero por alguna razón, no me sentía bien.

A través de los años había buscado la paz. De alguna manera, por la providencia de Dios, la había hallado en un lugar llamado *Lost Valley Ranch* [Hacienda del Valle Perdido]. Se encuentra sobre unos 34.000 metros cuadrados (8500 acres) en el campo montañoso de Colorado. Cada vez que iba allí, me sentía bien. Pero cuando volvía a mi vida de locura, me golpeaba la realidad. Al conducir de vuelta a casa sentía acidez en el estómago y me brotaban las lágrimas. No entendía por qué me costaba tanto irme. Un día lo comprendí. Me di cuenta de que la hacienda estaba llena de «cristianos». Eran fáciles de identificar. Tenían una expresión curiosa en los ojos, y si los irritaba, me citaban pasajes bíblicos.

Un domingo de Pascua, mientras estaba en la hacienda, decidí hacer lo que muchos incrédulos hacen en ese día: fui a la iglesia. Cabalgué por la pradera y escuché a un joven llamado Bob Foster predicar un sermón que jamás olvidaré. Declaró: «Hay una diferencia entre la felicidad y la paz interior. La felicidad es como el olor de un automóvil nuevo, como un nuevo noviazgo, como cerrar una transacción comercial, como las drogas ilícitas o el sexo. Produce una sensación de euforia. Estás "feliz", pero nunca dura». Añadió: «A veces, la euforia es mayor, dura más, pero siempre termina».

Pensé: *El muchacho tiene razón. Esa es mi vida: lograr, obtener, hacer, ser, y luego... nada.*

Bob explicó: «La paz interior es diferente».

Sus palabras me impresionaron. Sabía que no tenía paz interior, y me preguntaba cómo conseguirla.

Siguió: «Solo encontrarás paz interior con una relación personal con Cristo».

Pensé: *Ay, por favor.*

Me subí al caballo, salí de la pradera, y volví a Denver.

Durante el año siguiente, de vez en cuando, los cristianos llegaron a mi vida para hablarme sobre la persona de Jesucristo. Cuando lo hacían, recibían insultos, persecución y oposición. Muchos se fueron, creyendo que habían fracasado. Pero jamás olvidé el nombre, el rostro o las palabras de aquellos que me hablaron del Señor Jesús.

Entonces, Dios envió a Paul y a Kathie Grant a mi vida. Una mañana, Paul, un judío creyente en Cristo, estaba sentado en casa orando: «Señor, quiero ir a la cancha de *racquetball* hoy y hablar de mi fe».

Más tarde, abrí la puerta de la cancha y lo vi. Le dije con brusquedad: «¿Qué hace aquí en Yom Kippur? ¿Por qué no está haciendo eso que ustedes hacen en las fiestas?».

Me respondió: «También soy cristiano. Yom Kippur es el día en que los judíos le piden a Dios que perdone sus pecados un año más. Para mí no es necesario, porque ya recibí el perdón mediante Jesús, el Mesías».

«Ay, por favor», me burlé.

Durante meses, el Dr. Grant me escuchó junto a su casillero mientras yo le hacía preguntas e intentaba retrasarlo. Pensaba: *¡Qué estúpido! ¿Cómo puede ser que este idiota se quede aquí sentado y me permita hacerle esto, si tiene una sala de espera llena de pacientes?*

Sin embargo, Paul fue mi primer amigo verdadero. Me llamó cuando me arrestaron por la redada en mi burdel. Me había llamado mucha gente: abogados, para preguntarme si los nombres de sus clientes aparecían en los registros; y hombres que se preguntaban dónde estaban las muchachas. Pero la llamada de Paul fue distinta. Me preguntó: «¿Estás bien?».

Esa pregunta me atravesó como una bala. A continuación,

inquirió: «¿Considerarías venir a la iglesia con Kathie y conmigo?». Miré a Peggy y le dije: «Iremos, pero por favor, no firmes nada».

En la reunión escuché a un hombre hablar largo y tendido. Luego, reconocí a un hombre en la congregación a quien le había dado un folleto para *Fantasy Island*. Al preguntarle si le gustaría visitar el lugar, me había contestado: «Eso no es parte de mi vida». Su respuesta me sorprendió y, aunque el incidente había ocurrido años atrás, no lo había olvidado.

Luego, Paul y Kathie nos llevaron a Peggy y a mí a su hogar y nos presentaron el primer testimonio cristiano que escuché. Kathie parecía tan pura mientras irradiaba su relación personal con Jesús que pensé: *Me pregunto si alguna vez habrá tenido algún defecto.*

Cuando colocó una tetera frente a mí, me puse nervioso. Era apostador, y ese día tenía unos 100.000 dólares en juego en eventos deportivos. Lo último que quería era que una tetera me hiciera sentarme tarde ante el televisor.

Entonces, Kathie nos habló de su vida. Comentó las veces que habían abusado de ella sexualmente, cómo había sido la amante de un hombre llamado «el rey del petróleo» en Indonesia, y cómo intentó quitarse la vida en cuatro ocasiones distintas.

No creí ni una palabra. Pensé que se lo había inventado todo para lograr que me uniera a su secta. Cuando nos fuimos, le dije a Peggy: «Está bien para ellos, pero volvamos a casa y tomemos un trago».

Yo no lo sabía, pero el Departamento de Policía de Lakewood en Colorado había decidido que aún no se había hecho justicia. Una noche se presentó una atractiva agente secreta de la policía. Ofreció venderme un televisor robado, y me dio a entender que ella era parte del trato. Le di 200 dólares y me arrestó. Mi fianza era de 250.000 dólares. Como la operación policial se realizó un viernes por la noche, tuve que pasar el fin de semana en la cárcel.

El lunes, cuando me liberaron, me entró el pánico. Comprendí que había violado los términos de mi libertad condicional. Iría a la cárcel durante los próximos seis a ocho años.

Recuerdo estar sentado junto a la mesa de mi cocina llorando con lágrimas de cocodrilo; no porque estuviera arrepentido, sino porque tenía miedo. Intenté pensar cómo escaparme. Pensé en las drogas y el alcohol, pero no quería más problemas en mi vida. Consideré darme a la fuga, y en ese momento tenía dinero para hacerlo. Incluso contemplé el suicidio. Pero por gracia de Dios, no tomé ese camino.

Entonces, Dios usó a mi esposa incrédula. Me dijo: «¿Por qué no llamamos al hombre que nos casó?».

Le respondí con brusquedad. «¡No quiero eso en mi vida!».

Pero el Espíritu Santo es más poderoso que mi ignorancia. Más tarde, llamé a ese pastor. A través de las lágrimas, le dije: «Quiero paz interior para mi vida».

Al día siguiente, conduje 135 kilómetros (85 millas) hasta su pequeña iglesia rural. Cuando entré, la iglesia ni siquiera tenía alfombra sobre el piso polvoriento. Pero en cuestión de momentos, había un charco de mis lágrimas sobre el suelo. A las 10 de la mañana, el 4 de marzo de 1981, descubrí lo que significaba conocer a Jesucristo como mi Señor y Salvador.

Dios decidió tomar mi vida y darla vuelta. La primera evidencia de lo que vendría apareció mientras conducía de regreso por la montaña. Tuve el primer pensamiento altruista de mi vida. Comencé a recordar a la hija que había abandonado tantos años atrás. Por primera vez, me pregunté: *¿Dónde estará Tammy?*

Cuando llegué a casa, encontré evidencia de los tiempos perfectos de Dios. Aunque no había tenido noticias de Tammy durante 23 años, me había dejado un mensaje en el contestador que resultaba extraño en una hija. «Vi tu nombre en los diarios por todos los arrestos, y me gustaría encontrarme contigo».

Poco después, me encontré con ella y le pedí perdón. Entonces, tuve el privilegio más grande de toda mi vida. Sostuve la mano de mi hija mientras le rendía su corazón y su vida a Jesucristo.

Aunque estaba seguro de que iría a la prisión, Dios tenía otros planes. A pesar de que mi abogado de la mafia jamás apareció el día de mi juicio, y mi abogado local mandó citaciones a las personas equivocadas, hubo un milagro. El juez no solo descartó el caso, sino que también prohibió que se siguiera litigando en el distrito. Ese día, salí del tribunal libre para el mundo, pero lo más importante fue que Cristo me había liberado de mis pecados.

Durante dos años, oré por una oportunidad para volver al Departamento de policía de Lakewood para contar cómo Cristo me había cambiado la vida. Un día, el asistente del jefe de policía estaba almorzando, cuando surgió mi nombre. Corrió su silla hacia atrás y dijo: «Ni siquiera Dios puede perdonar a ese hombre».

Alguien le sugirió: «¿Por qué no lo averiguas?».

Jamás olvidaré el día en que salimos a almorzar juntos. Este hombre llegó y declaró: «Vine para averiguar si lo que encontraste es verdad para tu vida». Luego, me confesó: «Cuando dije en el departamento que iba a encontrarme contigo, un detective se ofreció a ponerme micrófonos escondidos, y otro a cubrirme la espalda».

Ese día, tomé la mano del hombre que había orquestado mis dos arrestos y oramos juntos. Tres meses más tarde, me presentó a la mujer policía (una cristiana dedicada) que me había arrestado y puesto en el asiento trasero de su automóvil. Solo que esta vez, fuimos juntos a la iglesia. Ahora es una de mis amigas cristianas más cercanas.

Si Dios pudo cambiar mi vida, puede cambiar la tuya. Aquí tienes cinco pasos sencillos para conocer a Jesucristo:

1. Admítele a Dios que eres un pecador.
2. Desea el perdón de tus pecados.
3. Cree en tu corazón que Jesucristo murió en la cruz por ti y resucitó.
4. Disponte a rendirle tu vida a Jesucristo.
5. Recibe a Jesús como Señor y Salvador.

Para recibirlo, realiza esta oración. Simplemente, lee estas palabras para Dios: «Padre celestial, soy un pecador. Quiero que perdones todos mis pecados. Padre, creo en mi corazón que Jesús murió en la cruz por mí y resucitó. Te entrego mi vida para que hagas con ella lo que quieras. Si me alejé de tu Palabra y tu voluntad, quiero volver a comenzar. Padre, quiero que Jesús venga a mi vida. Lléname de ti. Ven a mi vida, ven a mi corazón, Señor Jesús. Te amo. En el nombre de Cristo. Amén».

Si oraste para recibir a Cristo, quiero darte la bienvenida al reino eterno de Jesús. Cuéntale a alguien sobre tu nuevo compromiso. Es importante encontrar y asistir a una iglesia cristocéntrica que crea y enseñe la Biblia.

Que Dios te bendiga en tu caminar diario con Él.

NOTAS

Capítulo 3

1. Michael P. Green (ed.), *Illustrations for Biblical Preaching* [Ilustraciones para la predicación bíblica] (Grand Rapids, Mich.: Baker Book House, 1990).

Capítulo 6

1. John D. Woodbridge (ed. gen.), *More Than Conquerors* [Más que vencedores] (Chicago, Ill.: The Moody Bible Institute of Chicago, 1992), pp. 145-46.

Capítulo 8

1. Ripley Entertainment, *Ripley's Believe It or Not! Strange Coincidences* [¡Créase o no! Coincidencias extrañas] (Nueva York: Tom Doherry Associates, 1990).

2. Josh McDowell, *More Than a Carpenter* [Más que un carpintero] (Wheaton, Ill.: Tyndale House Publishers, Inc., 1977).

3. Ibíd.

Capítulo 10

1. Jim Cymbala, *Fresh Wind, Fresh Fire* [Viento fresco, fuego fresco] (Grand Rapids, Mich.: Zondervan Publishing House, 1997), pp. 24, 25, 27.

2. Kathleen G. Grant, *The Key to His Kingdom: Praying in the Word of God* [La llave del reino de Dios: ora la Palabra] (P.O. Box 6001, Littleton, Colo. 80121), pp. 94, 95, 97-101, 103. The Bread of Life Foundation [Fundación Pan de vida] (1995), 303-781-6484, fax: 303-781-6585; utilizado con permiso.

Capítulo 11

1. Lee Strobel, *Inside the Mind of Unchurched Harry and Mary: How to Reach Friends and Family Who Avoid God and the Church* [Dentro de la mente de los incrédulos Harry y Mary: cómo alcanzar a amigos y familiares que evitan a Dios y la iglesia] (Grand Rapids, Mich.: Zondervan Publishing House, 1993), p. 83.

SOBRE LOS AUTORES

William Fay

Bill, graduado en 1987 por el Seminario de Denver, ha compartido su fe con más de 25.000 personas de forma personal. Desde 1981, ha enseñado en iglesias de todo el mundo su enfoque de no confrontación para testificar, y ha llevado entre un 30 a 100% de su audiencia a hablar de su fe en la siguiente semana.

Bill escribió la serie de *Share Jesus without Fear* [Testifica de Jesús sin temor] para LifeWay Christian Resources e inspiró las notas para el Nuevo Testamento *Share Jesus without Fear* [Testifique de Cristo sin temor]. Se han impreso más de 3,5 millones de copias de su folleto *How to Share Your Faith without an Argument* [Cómo hablar de tu fe sin discutir]. Su programa de radio *Let's Go with Bill Fay* [Vamos con Bill Fay] ahora se escucha en más de 100 estaciones radiales desde Nome, Alaska, hasta Valdosta, Georgia.

Puedes contactarte con Bill Fay escribiendo a: Bread of Life Foundation, P.O. Box 22293, Denver, CO 80222.

Linda Evans Shepherd

Linda es una autora galardonada. Sus últimos libros incluyen *Encouraging Hands—Encouraging Hearts: How to Be a Good Friend* [Manos que alientan, corazones que alientan: cómo ser un buen amigo] (Servant), y *Heart-Stirring Stories of Romance and Heart-Stirring Stories of Love* [Historias conmovedoras de romance y amor] (Broadman & Holman, 2000).

Es una oradora conocida a nivel nacional, y miembro de la *National Speaker's Association* [Asociación nacional de oradores]. Puedes contactar con Linda escribiendo a P.O. Box 6421, Longmont, CO 80501, o visitando su página *web:* http://www.sheppro.com, donde creó una encuesta titulada *The Share Jesus Survey* [Encuesta Testificar de Jesús]. Tus amigos y familiares pueden responder las preguntas para testificar de Jesús por vía electrónica.